AF231598

# PARIS-PALETTE

EN VENTE A LA MÊME LIBRAIRIE

COLLECTION IN-18 JÉSUS A 3 FR. 50

*Envoi franco au reçu du prix (mandat ou timbres-poste).*

---

## OUVRAGES DU MÊME AUTEUR

**Paris qui s'efface** (2ᵉ édition).
**Paris-Escarpe** (10ᵉ édition).
**Paris-Canard** (2ᵉ édition).
**Paris-Boursicotier** (12ᵉ édition).
**Paris-Oublié** (2ᵉ édition).
**Paris-Police** (3ᵉ édition).
**Les Curiosités de Paris.**

**Les Virtuoses du trottoir.**
**Les Jeux et les Joueurs.**
**Les Sauterelles rouges.**
**Les Mémoires secrets de Troppmann.**
**La Commune de Paris en 1871.**

### P. BELON ET G. PRICE

**Paris qui passe**, revue de 1887.

### CAMILLE LEMONNIER

**Les Peintres de la vie** (2ᵉ édit.). | **Un Mâle**, édition définitive.

### AUGUSTE CHIRAC

**La Haute Banque et les Révolutions.**

**L'Agiotage sous la Troisième République**, 2ᵉ édition, 2 vol.

### EUGÈNE BONTOUX

**L'Union générale**, 12ᵉ édition.

---

ÉVREUX, IMPRIMERIE DE CHARLES HÉRISSEY

*CHARLES VIRMAITRE*

# Paris-Palette

PARIS

Nouvelle Librairie Parisienne

ALBERT SAVINE, ÉDITEUR

18, RUE DROUOT, 18

1888

Tous droits réservés.

Le seul temps perdu pour un artiste
est celui consacré au travail.

DESBOUTIN.

Ceux qui discutent le plus sont
ceux qui se promènent dans les
ateliers.

VÉRON.

# I

Les rapins. — Charges d'ateliers. — Bocco. — L'atelier
Picot. — Napoléon en caleçon de bain. — Une voiture de médailles. — Gibon et le charbonnier. —
Le peintre P... — Outarde et Gallinacée. — C'est que
j'pète. — Les légendes. — La légende de Jean Bé-
lin.—Un tableau de 75 pieds de haut sur 18 pouces
de large. — La légende de saint Jérôme. — Un conseil municipal convaincu.

Des hommes d'esprit écrivirent jadis, sous ce
titre : *Paris-Rapin*, une petite plaquette, dans laquelle ils célébraient « les barbes antédiluviennes,
les chevelures mérovingiennes, les justaucorps fan-
tastiques, les souliers à la Poulaine et les feutres
à la Périau ».

Rapin, suivant eux, voulait dire : Jeune balayeur
de l'art, petit domestique d'atelier.

Depuis cette époque qui, pourtant, n'est pas loin-
taine, le rapin n'existe plus qu'à l'état de légende.

Faut-il regretter, suivant une expression célèbre : ces *titis* de l'Art ? ....

I.

Je ne le pense pas, car tout s'est transformé et le rapin a suivi le mouvement.

Il n'est point nécessaire, pour être un artiste, même en herbe, de porter de longs cheveux, un béret graisseux, des espadrilles et des gilets rutilants. Le rapin est un apprenti comme il y en a dans tous les corps de métiers, et sa force future ne se réside pas, comme celle de Samson, dans la longueur de ses cheveux.

L'Art y a-t-il gagné ou perdu ? Et parce que l'on ne pratique plus comme autrefois la charge grossière, l'élève ou l'apprenti, comme on voudra, en aura-t-il plus ou moins de talent ?

On écrirait dix volumes sur les charges d'ateliers. Il y avait le règlement par tradition. L'entrant devait obéissance et respect aux anciens, sous peine de *Broche en cul*. Cette peine s'appliquait de deux manières : on asseyait le bonhomme par terre, on lui passait un manche à balai entre les jambes et on le hissait sur un tabouret très élevé ; alors on lui déboutonnait sa culotte, puis on lui passait entre les cuisses une barre de fer peinte avec du *vert mignon ;* un camarade imitait de la voix le bruit de la chair grésillante. Le rapin éprouvait la sensation d'une brûlure et poussait des cris de paon, tous les camarades riaient à se tordre, mais cette épreuve n'était que préliminaire. Le patient devait faire un discours sur la perte de.... ses illusions et chanter une chanson, la plus sale possible, sur un air de cantique.

Généralement pour faire partie d'un atelier, il suffisait d'être présenté par un camarade ; alors le rapin restait rapin, jusqu'au jour où il en venait un autre qui le remplaçait.

Une fois le rapin admis, on l'emmenait à la campagne, dans un restaurant champêtre ; les anciens solennellement couverts de nappes lui faisaient jurer sur le *Bottin*, guerre à mort aux professeurs de l'Institut, puis ensuite tous déjeunaient

Il y avait des rapins riches, mais la généralité était pauvre ; aucun, quelles que fussent ses qualités, sa richesse ou sa naissance, n'était exempt des épreuves et, dans les ateliers, la solidarité était si grande que les rapins pauvres étaient les plus considérés.

Le rapin était chargé des commissions de l'atelier, c'était la bonne à tout faire, le pourvoyeur des anciens. Les jours de dèche et Dieu sait s'ils

étaient nombreux, il devait s'ingénier à faire vivre
la bande. Combien de tours de force furent accomplis pour arriver à ce résultat.

Un des rapins les plus célèbres fut Bocco, il
était à l'atelier Picot, rue Duperré.

Bocco, rapin par vocation, était un petit bossu
à figure étrange, il était le souffre-douleur de la
bande joyeuse. Il voulait absolument être peintre,
rien ne le rebutait, aucune besogne ne lui répu-
gnait; dans la journée il se faisait commissionnaire pour gagner le dîner de ses camarades; il
ne gardait rien pour lui, il vivait en prélevant
deux ou trois pommes de terre frites sur chaque
cornet, cela constituait sa maigre portion. Dans
ce temps-là les pommes de terre frites n'étaient pas
chères; pour un sou on avait de quoi contenter
son appétit, mais la pomme de terre frite a suivi
le mouvement; quand on en demande aujourd'hui
pour un sou, le marchand répond dédaigneu-
sement: on n'en *fait* pas!

L'atelier Picot était situé rue Duperré. Un grand
nombre de peintres étudièrent sous la direction
de ce maître; y passèrent, MM. Gustave Droz,
Luminais, Courbet, Giacometti, Pils, Moreau,

Santiago, l'évêque de Notre-Dame-de-mêlé-cassis, Lenoble, un des fondateurs de la Reine-Blanche, Morand, de Magny ; tous mangeaient chez Ledanseur, marchand de vin établi au coin de la rue des Martyrs[1] on les appelait la société des trente, ils payaient pour le mois, d'avance, l'œil était crevé.

Les rapins de l'atelier Picot étaient incorrigibles ; ils étaient la terreur du quartier, lequel alors était loin d'être peuplé comme aujourd'hui ; les barrières de Paris existaient encore.

Au square Vintimille, on avait placé une statue de Napoléon Ier, en marbre ; les rapins de l'atelier Picot, l'enlevèrent pendant la nuit. Le lendemain, grand tapage, on fit les recherches les plus minutieuses, elles furent inutiles. On avait oublié cette aventure, lorsqu'un matin, les habitants du quartier virent Napoléon, remis sur son piédestal..... Seulement il était peint en rouge et avait un caleçon de bain tricolore !!

Ces mêmes rapins eurent un jour la fantaisie de donner une soirée à l'Ile-Saint-Denis : le cos-

[1] Il fut démoli, pas le marchand de vin, mais la maison, en 1885. Ce fut sur cet emplacement que s'éleva la *Taverne du Bagne*, laquelle disparut en 1887.

tume de moine était de rigueur ; ils partirent de Paris en bourgeois, les costumes suivaient dans une voiture de déménagement. Près d'arriver, ils revêtirent leurs costumes et placèrent leurs effets dans la voiture sous la garde du conducteur.

Arrivés à l'Ile-Saint-Denis, ils rencontrèrent qui les attendaient : Ida, Pascale, Clara, Zoé, Cécile Lemaire, toutes joyeuses et belles filles, très connues dans le monde des peintres. Ils soupèrent avec un entrain du diable et organisèrent ensuite un bal échevelé. Pendant qu'ils s'en donnaient à cœur joie, on était allé prévenir le commissaire de police, qu'une bande de moines folichonnaient et scandalisaient les habitants ; le commissaire de police accourut avec les gendarmes, et toute la société, hommes et femmes fut fourrée au violon, où ils passèrent la nuit. Le lendemain, quand tous furent dégrisés, ils comparurent devant le magistrat, qui, tout en voulant paraître sévère, pouffait de rire en écoutant leurs explications.

Le commissaire les admonesta en les engageant à ne plus porter un costume défendu.

— Vous allez, leur dit-il, revêtir vos habits et rentrer à Paris.

On envoya un gendarme à la recherche de la voiture, mais le conducteur, en apprenant l'arrestation de ses voyageurs, avait pris la fuite avec les vêtements.

Ils durent revenir à Paris costumés en moines, et comme la route de Saint-Denis était alors très fréquentée, les passants prirent les rapins pour des moines revenant d'un pèlerinage : seulement ils trouvaient qu'ils n'étaient guère recueillis.

Les anciens n'épargnaient au rapin aucune humiliation, et lui faisaient toutes les blagues imaginables. C'est ainsi qu'on envoyait le malheureux, attelé à une charrette à bras, auprès du Directeur de l'école des Beaux-Arts, pour lui demander les médailles. Ce dernier, habitué à cette plaisanterie, répondait le plus sérieusement du monde : — Mon ami, votre voiture est trop petite, allez chercher une voiture de déménagement, avec beaucoup de paniers !

Le malheureux rapin obéissait, revenait avec la voiture demandée, et, le soir, lassé d'attendre, il revenait tout penaud à l'atelier, comprenant qu'on l'avait fait poser.

Pour le consoler, on l'envoyait chercher deux

sous de colle de pâte dans une maison de tolérance ou bien encore on lui disait de remplir une gamelle d'eau, de la mettre en bascule sur le haut de la porte, de manière qu'en l'ouvrant la gamelle tombait. Cette charge se faisait généralement à l'heure où le patron arrivait à l'atelier ; on voit d'ici la fureur de ce dernier, en entr'ouvrant la porte, la gamelle lui tombait sur la tête et l'eau l'inondait.

Quelques peintres restent rapins toute leur vie. Les honneurs ne les corrigent pas de leur première éducation ; lorsqu'il fut question de nommer Garnier de l'Institut, il répondit à ses camarades qui le félicitaient :

— Il est question de me nommer à l'Institut ; je m'en fous...

Le peintre Gibon fut un des derniers rapins ; un jour, — sans le sou, — cela lui arrivait souvent, il errait au hasard, dans l'espérance de trouver à dîner ; rue des Abbesses il avisa un charbonnier-marchand de vins. A la devanture de la boutique, un carreau avait été cassé, la veille, pár un ivrogne ; l'Auvergnat l'avait fait remplacer, mais sur le carreau voisin, on lisait *vi* ce qui indiquáit

que l'*n* et l'*s* manquaient pour compléter le mot :
*vins*. Gibon entra.

— Eh ! Pays, dit-il, au charbonnier, voulez-
vous que je vous remplace les deux lettres qui
manquent à votre carreau ?

— Oui, dit l'Auvergnat ; mais combien, me
prendrez-vous ?

— Quarante sous, répondit Gibon.

— Non, c'est trop cher, vingt sous et un litre.

Gibon accepta et se mit à l'œuvre, en un quart
d'heure il compléta l'inscription.

— Venez voir, dit-il au charbonnier.

Le charbonnier sortit dans la rue pour juger de
l'effet, il se tournait de face, de profil, de trois
quarts, se grattait l'oreille, et paraissait en proie
à une grande inquiétude.

Gibon avait peint ainsi l'*n* et l's ᴎꙅ.

— Mais c'est tout de travers, dit le brave homme,
c'est pas ça.

— Faut-il que tu sois bête, dit Gibon, tu n'en-
tends rien à la peinture, demain quand cela sera
sec, les lettres seront droites !

Près du lac d'Enghien, à Saint-Gratien où aux
environs, il était un salon charmant ou, Nieuwer-

kerke, Emile de Girardin, et un grand nombre de peintres, recevaient une hospitalité des plus cordiales. Le chambellan se nomme Théophile de Marçol; un soir, on jouait aux bouts rimés, et une maréchale de France, celle dont le mari dit un jour: — Je ne veux pas faire couper mes cheveux, ils appartiennent à l'histoire! était chargée de recevoir des rimes.

L'hôtesse, dont le nom pourrait rimer avec Rachilde donna les mots suivants :

> *Solon*
> *Moutarde*
> *Pantalon*
> *Outarde*

Le peintre P... remplit ainsi les rimes :

> Sans imiter la sagesse de *Solon*
> Sans m'amuser non plus à la *moutarde*
> Je sens fort bien dedans mon *pantalon*
> Que serai bon coq si vous êtes *outarde*.

— Merci, monsieur, dit la maréchale, je croyais que vos visées étaient plus hautes , je ne suis qu'une simple *gallinacée* et je pensais que vos amours étaient de celles qui planent en plein air, portez votre compliment à qui de droit.

P... dit à son voisin :

— Piges donc la gueule de la princesse I

C'est au même P..., toujours rapin, malgré son immense talent, qu'arriva l'aventure suivante. Elle est racontée diversement, je donne les deux versions.

### PREMIÈRE VERSION

P... était décorateur au Louvre. Un jour le maréchal Vaillant lui fit dire que l'Empereur désirait le présenter à l'Impératrice. Cette dernière avait peint des fleurs et désirait vivement connaître l'avis de P... Le jour fixé pour la présentation, P... arriva ; l'Impératrice s'empressa de le recevoir, puis, on le conduisit dans un petit salon transformé en atelier ; sur un chevalet, reposait une grande toile couverte d'un voile, on l'enleva.

— Comment trouvez-vous cela ? dit l'Impératrice à P...

P... regarda consciencieusement, puis répondit :

— Madame, les fleurs c'est un rêve, mais ça c'est en zinc.

### SECONDE VERSION

L'Impératrice était à Compiègne ; elle avait envie de faire peindre un boudoir avec un plafond orné de fleurs et d'oiseaux, elle désirait que la décoration en fût faite par P...; ce dernier avait été pressenti , mais avait refusé en disant, à l'envoyé :

— M:..., y aura pas moyen de fumer sa pipe !

Sa réponse fut rapportée à l'Impératrice, qui renvoya un chambellan dire à P... qu'il pourrait fumer tant qu'il voudrait ; P... se décida ; un jour, il était sur son échelle, en train de chanter la fameuse scie : *Ils étaient quatre qui voulaient se battre*, tout en peignant le plafond, lorsque l'Impératrice fit son entrée, accompagnée d'une de ses dames d'honneur, Madame de la Poëze. P... descendit et l'Impératrice le pria de venir lui donner son avis sur des fleurs qu'elle avait peintes.

Quand P... fut devant la toile, il dit à l'Impératrice :

— Ça des fleurs, c'est que j'pète !

L'anecdote courut aussitôt le Palais, l'Impératrice la racontait en riant, à la réception du soir.

— Oh ! Majesté, dit Madame de la Poëze, vous oubliez quelque chose ; quand le peintre vous a dit : « Ça des fleurs c'est que j'pète, » il a joint le geste à la parole.

Quelle que soit la vraie de ces deux versions, l'Impératrice fut à jamais dégoutée de la peinture..... et des peintres !

Les rapins, les derniers, des Beaux-Arts, font quelquefois des sorties, jamais dans le même ordre, ni pour les mêmes motifs, mais c'est toujours prétexte pour s'amuser.

Leurs costumes varient suivant les événements, leur dernière promenade fut une protestation contre le boulangisme.

Au nombre de trois cents environ, ils sortirent des ateliers de l'école des Beaux-Arts, vêtus de longues blouses blanches et coiffés de chapeaux de forme diverses, ils avaient formé une sorte de pavois avec deux planches à dessin, et là-dessus, ils avaient hissé un des leurs, qui, avec sa barbe ressemblait au brav' général Boulanger. Un bicorne à plumes blanches complétait la ressemblance. Autour du pseudo-général les rapins formaient le cortège d'honneur, puis le monôme se déroula deux heures durant dans tout le quartier en chantant la scie à la mode : Boulange ! Boulange !

C'est bien inoffensif !

Dans les ateliers, il existe des légendes ; elles sont transmises par la tradition amplifiée, selon la nature du conteur : les unes sont comiques, les autres mélancoliques, d'autres sont tellement roides qu'il est impossible même de les mentionner. Deux des plus curieuses sont : *la légende de Jean Belin* et la *légende de saint Jérôme.*

Légende de Jean Belin, auteur d'un tableau de 75 pieds de haut sur 18 pouces de large, représentant la décollation de saint Jean-Baptiste.

### ENVOI

Mon cher Virmaitre, je vous adresse la légende de Jean Belin, de célèbre mémoire, et qui fut, au dire de certains mandarins lettrés, proche parent d'un poète non moins illustre, quoique inconnu,

dont un confrère, exempt de toute basse jalousie,
a écrit cette strophe sublime :

> Certes ce n'était pas un homme ordinaire
> Car d'un gilet trop court ne sachant plus que faire
> Il s'en était fait un manteau.......
> Il aimait trop le veau cette grande nature
> C'est ce qui l'a tué !!!!

### AVERTISSEMENT

C'est au seuil des ateliers couverts de chaumes,
c'est de la bouche de pauvres rapins ignorant l'art
de peindre que j'ai recueilli cette touchante et
naïve légende :

Les documents écrits manquent sur la vie de
ce grand homme, il est aujourd'hui certain que
la Porte Ottomane fort compromise par les révé-
lations qui auraient pu en résulter, les a fait
anéantir ; on a même été jusqu'à prétendre que
l'homme au masque de fer n'était autre que Jean
Belin que le gouvernement aurait livré au grand
Turc en échange d'Abd-el-Kader. Mais il n'y a
aucune preuve de ce fait.

La tradition orale a seule conservé quelques

traits de cette vie si féconde en grands enseignements, c'est ce qui explique les inévitables, mais
déplorables lacunes qui coupent le récit. Ainsi au
retour de Jean Belin d'Italie, on ne trouve plus
trace de son chapeau. On a bien cru découvrir,
il y a quelques années, sur la cime du Mont-
Blanc, une plante qu'on a dit être ce chapeau,
mais l'analogie des mots : plante et chapeau aura
causé cette erreur.

Le portrait de Jean Belin a été pris sur une
estampe du temps qui le représente à une revue,
en grenadier de la garde nationale avec un très
grand nez. Je me rappelle cependant avoir connu
dans ma jeunesse, un bon vieillard, très lié jadis
avec Jean Belin, qui m'assurait lui avoir vu un
très petit nez, ce qui ferait présumer qu'il en
avait un pour les grandes solennités et un autre
dans l'intimité. J'ai cru devoir conserver le nez
des dimanches, parce que je l'ai retrouvé dans le
buste de Jean Belin, actuellement au foyer des
Ombres du *Chat Noir.*

Jean Belin, peintre français, naquit à Venise, à
l'âge de quatre ans, de parents pauvres mais
voleurs, quoique charcutiers.

Dès l'âge de dix-huit mois il peignit à fresque les murs de sa ville natale.

Frappés de ses étonnantes dispositions pour la peinture, ses parents l'envoyèrent au diable, où il ne tarda pas, à faire de rapides progrès dans la peinture d'histoire.

Il se fit bientôt connaître par une toile de 75 pieds de haut sur 18 pouces de large, représentant la décollation de saint Jean-Baptiste, qui fut présentée à toutes les cours d'Europe et entre autres à la cour des fontaines, où il fut refusé par un jury éclairé et impartial quoique académique.

Ce tableau fut chaudement accueilli par l'Académie de Pontoise, qui en vanta le coloris et reconnut qu'il n'avait pas été fait sans dessin.

Frappé des étonnantes dispositions de Jean Belin, l'Académie de Pontoise lui donna d'excellents conseils et l'envoya à Rome pour s'y perfectionner dans l'art de la peinture.

Couvert de gloire et d'une redingote neuve, Jean Belin prit sous son bras son tableau de 75 pieds de haut sur 18 pouces de l arge et partit, en gardant pour l'Académie de Pontoise, une profonde reconnaissance, sans compter une foule d’autres du Mont-de-Piété dont il n’avait pu se défaire.

A peine arrivé à Rome, il fit la connaissance du célèbre Raphaël et devint son meilleur ami; six mois après, dévoré d’ambition et saisi de la soif des voyages, Jean Belin traversa le Pont-Euxin en donnant deux sous à l’invalide, et, ayant franchi les Échelles du Levant qu’il tira après lui, il alla frapper à la Porte ottomane qui se reposait sur un divan.

— Pan ! pan ! fit Jean Belin.

— Qui est là ? dit la Porte en bâillant.

— C’est moi, Jean Belin, auteur de la décollation de saint Jean-Baptiste, tableau capital, non parce qu’il a été peint, mais parce que, ayant 75 pieds de haut sur 18 pouces de large, il enfonce Rubens, Raphaël et le Dominiquin, qui n’ont pas inventé les madones Vert-Pomme.

— Fichtre, dit la Porte, assieds-toi, Jean Belin.

— Oh ! merci je ne suis pas fatigué !

— Prends une pipe, alors.

— Oh ! merci, je n’ai pas envie de fumer.

— Assieds-toi, alors.

— Mais puisque je ne suis pas fatigué.

— Prends une pipe.

— Mais puisque je n'ai pas envie de fumer.

— S'il en est ainsi, assieds-toi et prends une pipe.

La Porte ayant considéré le tableau de 75 pieds de haut sur 18 pouces de large, représentant la décollation de saint Jean-Baptiste, lui demanda avec une bonté toute paternelle :

— Dis-moi, Jean Belin, as-tu jamais vu décoller ?

— Peu.

— Pst, Roustan, fit la Porte, qu'on m'amène un esclave, et qu'on le décolle sous nos yeux.

Ayant décollé l'esclave, la Porte l'ayant fait recoller ajouta :

— Maintenant que tu as vu comment on décolle, va retoucher ton tableau, et si j'en suis content, je te commanderai deux écrans de cheminée.

Jean Belin reprit son tableau de 75 pieds de haut sur 18 pouces de large représentant la décollation de saint Jean-Baptiste et s'en alla dans l'état de gêne le plus complet vers celui de ce nom.

Grâce au caractère tout particulier de ses productions, il put vivre de son talent en mangeant ses croûtes.

Après avoir retouché son tableau de 75 pieds de haut sur 18 pouces de large, représentant la décollation de saint Jean-Baptiste, il retourna vers la Porte ottomane. La Porte examina pendant quinze jours l'œuvre de Jean Belin ; puis, l'ayant invité à déjeuner, lui demanda s'il voulait prendre quelque chose ?

— Je prendrais bien un couvert à filets, avec un *idem de bœuf* aux champignons, dit Jean Belin.

La Porte sourit à cette réponse naïve ; puis ayant réfléchi quelque temps, elle dit à Jean Belin :

— Oh ! artiste, parle sans détour, as-tu jamais vu décoller ? une fois ce n'est pas assez ! Pst ! Pst, Roustan, qu'on m'apporte l'esclave recollé et qu'on le redécolle !

Cette fois, Roustan n'eut qu'à présenter une prise à l'esclave qui perdit la tête en éternuant.

— Maintenant que tu as vu comment on décolle à la Porte, prends celle de la rue et quand tu auras retouché ton tableau je te ferai une commande de deux cents cartes de visite d'après nature.

Jean Belin reprit sous son bras son tableau de 75 pieds de haut sur 18 pouces de large, représentant la décollation de saint Jean-Baptiste, remonta les Échelles du Levant et revint en France, où, ayant été obligé de mettre sa montre en gage, il se logea, pour remédier à cet inconvénient, dans le département de l'Eure.

Après avoir pioché pendant trois ans, Jean Belin prit l'omnibus pour Constantinople, et alla trouver la Porte, qui, depuis sa dernière visite, avait bien été secouée par les janissaires.

— Te voilà donc de retour, ô Jean Belin, fit la Porte. Depuis ta dernière visite, j'ai eu bien des peines pour une Porte seule, mais puisque te voilà, chassons ces tableaux peu agréables et voyons le tien. J'espère cette fois que j'en serai content et que je pourrai t'inonder des torrents de ma munificence.

La Porte resta quinze jours en contemplation devant le tableau de Jean Belin, le seizième, la Porte le fit mander et s'entr'ouvrit à lui en ces termes :

— Dis-moi, mon cher Jean, sans blague, as-tu jamais vu décoller, mais décoller sans colle ?

— O Porte, répondit Jean Belin, aussi généreuse que bien élevée, voilà deux fois que tu régales ton serviteur de ce spectacle.

— Ce n'est pas trop, mon cher, écoute :

L'observation est la mère du talent.

Le temps est un grand maigre.

Souviens-toi que tu as encore une réputation à te faire et que bonne renommée vaut mieux que cinq Turcs dorés.

N'imite pas ces rapins qui s'attaquent à un grand sujet comme une corneille qui abat des oies.

Fixe-toi quelque part, tu sais que bière qui coule n'amasse pas mousse.

Surtout fuis la mauvaise compagnie, car la carpe sent toujours le hareng.

Ne sois pas trop orgueilleux dans tes compositions.

Compte toujours sur mon amitié, je suis comme le lièvre, je meurs ou je m'attache.


Après ce sage discours, la Porte dit à Jean Belin :

— Puisque tu m'assures que tu as déjà vu décoller, je vais dire à Roustan de m'apporter un esclave et de le décoller sous nos yeux.

Roustan ayant exécuté les ordres de son maître, celui-ci dit à Jean Belin :

— Maintenant que tu as vu décoller, va retoucher ton tableau et dans trois ans, si je suis content, je te ferai une commande digne de ton talent : tu me peindras Zuteika, ma levrette, dans le moment où elle se dit à elle-même en voyant sa pâtée : j'aimerais mieux autre chose !

Jean Belin, renonçant à faire fortune à Constantinople, reprit son tableau de 75 pieds de haut sur 18 pouces de large, représentant la décollation de saint Jean-Baptiste, résolu à s'aller fixer dans sa patrie.

Mais en gravissant les Alpes, il fut arrêté par des négociants calabrais qui lui dirent :

— Qui êtes-vous ?

— Je suis Jean Belin, auteur d'un tableau de 75 pieds de haut sur 18 pouces de large, représentant la décollation de saint Jean-Baptiste.

Touchés de ce discours, les brigands — car c'en étaient — le dépouillèrent complètement et le laissèrent évanoui. Les fraîcheurs du matin l'ayant rappelé à lui, Jean Belin se traîna avec peine à l'auberge la plus voisine, au *Soleil-d'Or*, disent les uns, au *Lion-d'Or*, disent les autres, au *Chariot-d'Or*, au *Pilon-d'Or* ou *aux Deux Éléphants*, personne n'en sait rien — là, il demanda un poulet rôti. L'aubergiste, étonné de tant de prodigalités de la part d'un inconnu aussi mal vêtu, lui demanda qui il était ?

— Je suis Jean Belin, auteur d'un tableau de 75 pieds de haut sur 18 pouces de large, représentant la décollation de saint Jean-Baptiste.

L'hôtelier envoya chercher la garde qui le conduisit en prison... Nu, pourrissant sur la paille humide des cachots, il pleura amèrement.

Dans son cachot, il y avait deux autres prisonniers: « qui êtes-vous ? » lui demanda l'un d'eux.

— Je suis Jean Belin, auteur d'un tableau de 75 pieds de haut sur 18 pouces de large, représentant la décollation de saint Jean-Baptiste.

Ses compagnons d'infortune le jetèrent dans un grand trou. Jean Belin tomba trois jours et trois nuits, sans boire ni manger.... Le quatrième jour, il se retrouva dans sa ville natale, n'ayant perdu que son chapeau et ses illusions.

Là, toute réflexion faite, il se rasa et renonçant à la peinture, comme à un art de peu d'agrément, il ouvrit un débit d'allumettes chimiques.

Grâce à son économie, il acquit en peu de temps, du ventre et une fortune considérable, dont il jouit jusque dans un âge très avancé, il légua en mourant, à sa ville natale, son tableau de 75 pieds de haut sur 18 pouces de large, représentant la décollation de saint Jean-Baptiste, ses dernières paroles furent celles-ci :

« Un bon *bien* vaut mieux que deux *Ribera* ! »

La légende de saint Jérôme est aussi amusante que celle de Jean Belin :

Dans une petite ville du Midi, il existait une antique église, dédiée à saint Jérôme, mais comme les habitants étaient pauvres, malgré les quêtes nombreuses et les prodiges d'économie accomplis par le conseil de fabrique, le curé n'avait jamais pu parvenir à réaliser la somme nécessaire pour doter le maître-autel d'un tableau représentant saint Jérôme, le patron de l'église.

Un jour, le curé avait réuni. à sa table le maire,
le premier et le deuxième adjoints, tous trois culti-
vateurs ; la conversation roula naturellement sur
l'image du malheureux saint. Le premier adjoint
dit qu'il connaissait un peintre parisien qui avait
beaucoup de tableaux et qui ne prendrait pas
cher. Le maire et ses deux adjoints convinrent
d'aller à Paris. « Surtout n'oubliez pas, leur dit le
curé, qu'il faut que saint Jérôme soit bien res-
semblant et qu'on voie la grotte. » Ils partirent et,
moyennant douze cents francs, le peintre leur
promit un saint Jérôme de grandeur naturelle,
qu'il s'engagea à leur livrer le jour de la fête pa-
tronale. Ils revinrent annoncer la bonne nouvelle
au curé, ce dernier s'empressa de prévenir son
évêque, puis se mit en devoir de préparer une réception solennelle au fameux tableau. Un mois
environ avant l'époque fixée, le curé dit au maire
et à ses adjoints :

— Si vous alliez à Paris juger par vous-mêmes
si le tableau est bien.

Ils partirent à nouveau.

Dans l'atelier du peintre, ils virent la toile ; elle

représentait une épaisse forêt, avec une allée au milieu, le saint se promenait, lisant son bréviaire.

— Mais, dit le maire, M. le curé vous avait recommandé une grotte, je ne la vois pas.

— C'est vrai, dit le peintre, seulement, pour douze cents francs, je ne pouvais vous peindre une grotte.

— Combien donc que ce serait ? dirent en chœur le maire et les deux adjoints.

— Quatre mille francs, répondit le peintre.

Les trois hommes se consultèrent et finalement promirent la somme demandée, à condition toufois, que le peintre livrerait sa toile, huit jours avant la fête, c'est-à-dire dans trois semaines.

Le jour venu, le curé et les deux adjoints débarquaient chez le peintre, ils examinèrent le tableau. Le curé inquiet, cherchait, sans pouvoir le découvrir saint Jérôme ; à la place où se promenait le saint, le peintre avait peint une superbe grotte.

— Mais, où donc est le saint, dit le curé au peintre.

— Dans la grotte, répondit celui-ci.

— Ah! ça c'est vrai, crièrent d'une voix unanime les trois édiles ; il y a trois semaines, nous avons vu saint Jérôme se promener sous les arbres, il faut bien qu'il dorme !

II

3

# II

Aventure d'un panneau. — Trop large et trop long.—
L'employé des pompes funèbres compatissant. —
Trop tard. — Une lettre de recommandation. — Une
course fantastique. — Le directeur des Gobelins. —
Avez-vous froid ? — Une galerie de croûtes. — Le
directeur des Beaux-Arts. — Une protection plato-
nique. — Aux Buttes-Chaumont. — Une absinthe et
pas de soupe. — Le cordonnier et sa dame. — Opi-
nion du gouvernement. — Un tableau naturel. —
Le chapelier amateur. — Un Meissonnier pour vingt
francs. — Vous n'êtes qu'un muffle.


Les heureux ne s'imaginent pas les prodiges
que font pour vivre, ceux qu'une vocation irré-
sistible pousse vers les arts, surtout vers la peinture. Tant qu'il y a à mettre au *clou*, la *tante*
toute pingre qu'elle soit, constitue une ressource,
tant qu'il y a un vêtement ou un bibelot quelconque
à basarder, le brocanteur est là, il marchande,
rechigne, discrédite la valeur des objets qu'on lui
offre, il flaire la misère, il rogne tant qu'il peut le

morceau de pain du pauvre diable qui lui vend ses dernières guenilles, parfois ses derniers souvenirs.

Un peintre, aujourd'hui célèbre, avait sa femme malade, phtisique au dernier degré : plus un sou pour le médecin, pour le pharmacien, pas de feu, pas de lumière ; dans la mansarde, plus que le lit dans lequel agonisait la malheureuse, enveloppée d'un drap de coton, en loque. Trois petits enfants, glacés, mourant de faim, pleuraient silencieusement dans un coin, pelotonnés les uns contre les autres, comme une nichée d'oiseaux. Le père contemplait ce tableau navrant d'un œil découragé ; il arpentait fiévreusement le taudis, s'arrêtant par intervalle pour jeter un regard sec sur l'agonisante ; il ne pouvait plus pleurer..... Tout à coup on frappa à la porte ; c'était un normand, propriétaire d'une vacherie voisine qui, ayant entendu parler du peintre et de sa misère, venait lui demander de lui peindre une vache pour son enseigne ; le peintre accepta et bâcla à la hâte ce travail inespéré. Comme il tendait la main pour en recevoir le prix le normand lui dit :

— Nous sommes quittes; depuis deux mois votre gamine prend du lait à crédit.

Désespéré de voir lui échapper cette ressource
suprême, il allait partir lorsque ses yeux s'arrê-
tèrent sur deux immenses panneaux en acajou,
qui avaient dû appartenir à un lit.

— Que faites-vous de cela, dit-il au normand.

— Rien, répondit ce dernier. Prenez-les, ajouta-
t-il dans un accès de générosité inusitée, je suis
content de votre travail.

Le peintre se chargea des deux panneaux qui
mesuraient 1$^m$,20 de large sur 1$^m$,60 de haut.

Aussitôt chez lui, il se mit à peindre ; oh ! ce ne
fut pas long, les petits pleuraient si fort et la malade appelait du secours si douloureusement. Il
s'aperçut, son travail terminé, qu'il n'avait pas
tenu compte de la hauteur du panneau eu égard
à sa largeur, le ciel était trop haut. Il pria un me-
nuisier, son voisin, de donner un trait de scie, au
panneau. Alors ce fut le contraire, il était plus
large que haut, le ciel était trop bas, nouveau trait
de scie. Finalement, après plusieurs opérations de
ce genre, le panneau ne mesurait plus que 0$^m$60
sur 0$^m$70. Il se remit au travail et peignit un
paysage ; à gauche, une vieille église, avec son
clocher effrité à moitié en ruines ; à droite, une

meule de foin, à l'ombre de laquelle dormaient des moissonneurs.

Il prit son panneau sous son bras et courut chez son encadreur, un brave homme qui connaissait la misère et venait quand il le pouvait en aide aux artistes.

— Je voudrais un cadre, dit le peintre, mais je suis sans le sou ; vous viendrez avec moi chez le marchand de tableaux, vous toucherez votre argent.

— Volontiers, répondit l'encadreur.

. Aussitôt il se mit à la besogne, en un clin d'œil, elle fut terminée. Au moment de fixer le cadre au panneau, l'encadreur fit remarquer au peintre que le panneau bombait.

— Ce n'est rien, dit le peintre, je vais le redresser.

Il prit le panneau, l'appuya sur sa poitrine, un coup sec se fit entendre, le panneau venait de se briser par le milieu : l'église d'un côté, les moissonneurs de l'autre.

A ce dernier coup, le pauvre garçon ne put retenir ses larmes ; l'encadreur qui avait compris, pleurait aussi ; le peintre partit et erra une partie de la nuit, son panneau brisé sous le bras. Après avoir marché à l'aventure, il se trouva près de la mairie des Ternes (il habitait Vincennes). Tout à coup, il se sentit frapper sur l'épaule.

— Que diable faites-vous ici à pareille heure ? lui dit le passant.

— Je vais chez mon marchand de tableaux, lui répondit machinalement l'artiste.

— Voyons ce que vous avez de beau ?

Ce disant, le passant, qui était un employé des pompes funèbres, que l'artiste connaissait de vue, prit les débris du panneau et s'approcha d'un bec de gaz pour les regarder.

— Voulez-vous me vendre celui-ci ? fit-il en désignant le morceau sur lequel était peinte l'église.

Le peintre, ahuri de cette proposition, ne savait que répondre : il était suffoqué, ses yeux allaient alternativement de son débris de panneau à son interlocuteur, enfin il balbutia : oui. Alors il se sentit glisser deux louis dans la main ; il se sauva comme un fou, sans remercier, jetant l'autre morceau du panneau à un balayeur, puis courut tout d'un trait chez lui : il gravit les cinq étages, quatre à quatre, il poussa la porte de la chambre.... La malheureuse était morte tenant la main de son aînée, et les enfants criaient : maman, maman, j'ai bien faim.

Il était trop tard ; l'argent retourna aux pompes funèbres !

—Vous seriez bien aimable de me recommander à votre père ! disait un jour, un jeune peintre, à la fille d'un directeur des Gobelins. « Volontiers ! » répondit-elle. Elle donna la lettre, et voilà le pauvre diable, parti de chez lui, en plein hiver, par une pluie battante, sans parapluie, portant sous son bras un tableau enveloppé dans un journal.

Il habitait Asnières, il y avait loin pour arriver aux Gobelins.

Quand il arriva, ses souliers avaient bu tout leur saoul, l'eau avait réduit le papier qui abritait la toile à l'état de bouillie, son paletot imprégné de pluie, égouttait sur ses talons et lavait la boue sur son pantalon effrangé, son chapeau informe ressemblait à une éponge ; il n'avait pas mangé depuis la veille et crevait de faim ; il sonna à la grille, le concierge lui répondit : « la première allée à gauche, au fond, la deuxième à droite, » il suivit ces indications, mais ne rencontra personne ; après avoir cherché, frappé, ouvert, fermé plusieurs portes, il arriva enfin devant un pavillon ; un homme chaudement enveloppé surveillait des Auvergnats qui rangeaient des montagnes de bois ; l'homme, c'était le directeur des Gobelins.

— Monsieur, lui dit le peintre, j'ai une lettre de recommandation pour vous.

— Bien, mon ami, attendez-moi quelques instants.

Un quart d'heure, une demi-heure, une heure se passèrent, et le pauvre garçon attendait toujours, grelottant, sous la pluie qui ne discontinuait pas.

— Vous avez peut-être froid ? lui dit le directeur.

Le malheureux n'osa répondre : oui !

Enfin, après deux heures de *pied de grue*, le directeur l'emmena dans son atelier. « Voyons votre lettre, » lui dit-il. Après l'avoir lue, il ajouta : « Montrez-moi votre toile ? »

Le peintre croyait que la lettre avait produit

son effet : il voyait déjà en perspective une soupe à la viande et des souliers d'occasion ; le prodigue pensait même à prendre l'omnibus.

Le directeur examina le tableau, qui représentait un intérieur de maréchal-ferrant, avec deux magnifiques percherons attachés à la porte. « Bien, bien, jeune homme », lui dit-il .., et il le lui rendit.

— Ah ! à propos, ajouta-t-il, moi aussi, je suis peintre ; je vais vous montrer mes œuvres.

Et, aussitôt, il le conduisit dans un petit salon, où il lui fit voir une quantité de toiles plus mauvaises les unes que les autres, un amas de croûtes à réjouir un marchand de chapelure.

— Comment trouvez-vous cela, mon ami ? dit-il au pauvre diable.

Ce dernier ayant toujours en perspective la bienheureuse soupé trouva tout ce qu'il voyait magnifique, splendide, merveilleux ; il ne tarissait pas en admiration.

Enfin, après une grande heure, le directeur lui dit :

— Voyez-vous, moi, je n'achète pas de toiles, je vais vous donner l'adresse d'un marchand de tableaux, avenue de l'Opéra ; vous irez de ma part.

Il allait lui écrire un mot sur sa carte lorsqu'un domestique annonça : Monsieur le Directeur des Beaux-Arts. Le peintre se recula discrètement, dans l'angle d'une fenêtre, et les deux directeurs se mirent à causer de leurs petites affaires. La conversation dura encore une heure. Tout à coup le Directeur des Gobelins se souvint du peintre ; il l'appela et le présenta au Directeur des Beaux-Arts ; ce dernier examina la toile et la trouva parfaite.

— Ce jeune homme m'est chaudement recommandé, dit le Directeur des Gobelins.

— Ah ! bien, je vais faire quelque chose pour lui.

Cette fois le peintre vit défiler devant lui tout un cortège de côtelettes, une omelette au lard, un repas pantagruélique. Le Directeur des Beaux-Arts continua :

— ... Oui, je veux faire quelque chose pour vous, dit-il au protégé ; je vous donnerai la date des concours et des expositions !

Désappointé, le peintre prit congé du Directeur

des Gobelins. Ce dernier ne pensa plus à la carte pour le marchand de tableaux.

Une fois dans la rue, il retrouva la pluie, mais pas la moindre soupe. Alors il se souvint qu'il avait un ami, architecte à Belleville, qui, chaque soir, allait au café des Buttes-Chaumont, en compagnie de riches industriels du quartier; cet ami lui avait déjà fait vendre quelques toiles. Il se mit bravement en route; arrivé au café, l'ami lui offrit une absinthe, dont il n'avait guère besoin, puis il le présenta à un marchand de chaussures, riche à millions; celui-ci examina la toile, la trouva bien, et, finalement, il demanda à aller consulter sa *dame*.

Une demi-heure plus tard il revint.

— Eh bien ? fit le peintre anxieux.

— Ah! voilà, répondit le cordonnier, mon gouvernement n'en veut pas; comme j'ai été forgeron, cette toile lui rappellerait de mauvais souvenirs, et puis, a-t-elle ajouté, nous n'avons pas besoin de tableaux; je n'ai qu'à ouvrir la fenêtre de mon salon qui donne sur le parc des Buttes-Chaumont et pas un peintre n'est foutu de t'en faire un semblable.

Nouvelles pérégrinations. Le peintre et l'architecte descendirent les hauteurs de Belleville et allèrent au café des Deux-Hémisphères; là, ils comptaient trouver un chapelier amateur, qui achetait toutes sortes de peintures. Ils rencontrèrent le chapelier; nouvelle absinthe; on lui montra la toile; après l'avoir examinée, il la rendit en disant :

— Je n'en veux pas, ce n'est pas peint comme Meissonnier.

Le peintre, emporté par la faim et la colère, lui arracha sa toile des mains.

— Si je ne peins pas comme Meissonnier, vous parlez comme un muffle, dit-il au chapelier.

Puis il retourna à Asnières !

III

# III



Le peintre est bon enfant, rond, sans façon,
il a le cœur sur la main ; quand un malheureux
sonne à sa porte, son cœur répond toujours : présent. Sa famille est grande, mais... il y a un mais,
le peintre est né *débineur*, et s'il a de la tendresse
pour les orphelins ou les veuves de ses confrères

morts, tant que ses confrères sont vivants, il est impitoyable ; c'est dans les cafés où se rassemblent les peintres qu'il faut entendre cela :

— Un tel, quel gniaf, pas de talent, pas de dessin, pas de couleur.

Il va sans dire qu'un tel est absent, mais aussitôt qu'il fait son entrée toutes les mains se tendent vers lui :

— Tiens, bonjour ma vieille, ta dernière toile était rudement peinte, quelle patte.

Bref, on le couvre de fleurs.

Un autre s'en va, un tel recommence la scène jusqu'à temps qu'il n'en reste plus qu'un ; ce dernier fidèle à l'habitude, demande au garçon les journaux à images et se donne le plaisir de *débiner* les dessinateurs qu'il ne connaît pas.

La majorité des peintres, grands ou petits, ont l'habitude du café ; après la journée, ils abandonnent couleurs et pinceaux et s'en vont dans des cabarets spéciaux. Cette habitude a deux raisons : se distraire, et, comme je viens de le dire, savoir ce que pensent les confrères.

Il y a une trentaine d'années, il n'existait que

cinq ou six de ces cabarets; ils n'étaient connus
que des initiés, les gens du quartier n'osaient s'y
hasarder, de crainte des « blagues ».

Certains de ces cabarets ont laissé des souvenirs
vivaces chez beaucoup de peintres : le souvenir
des jeunes années envolées, années d'espérance
pour les uns, années de souffrances et de misères
pour les autres.

La crèmerie de la rue Notre-Dame-de-Lorette
était toute tapissée de tableaux et d'esquisses ;
chaque client y avait apporté son contingent, il
y avait des œuvres de valeur.

Le restaurant Laffitte, rue Saint-Benoît, avait
pour habitués les élèves de l'Ecole des Beaux-
Arts ; ils n'y venaient que pour déjeuner ou dîner;
mon ami Lamquet, un homme grave aujourd'hui,
me communique ses souvenirs sur cet endroit curieux :

Les deux grandes pièces qui composaient le
restaurant Laffitte n'avaient pas un coin de mur
qui ne fût couvert d'une ébauche ou d'une toile
souvent très poussée.

Plus d'une fois, l'écot du client avait dû être
payé avec de la toile peinte, et le patron avait

rarement fait une mauvaise affaire, car il y avait là des œuvres de valeur et signées de noms devenus célèbres.

La décoration de ces salles se faisait par agrégation successive.

Cela commençait par un petit panneau, un coin de paysage, une étude de nu, et, finalement, d'entraînement en entraînement, on arrivait jusqu'aux grandes *machines*. Tout était accroché un peu au hasard, comme au Salon, selon la grandeur des toiles et leur arrivée. Une Vénus étalait ses formes appétissantes, roses et blanches, à côté d'une étude d'aloyau, un Caton drapé dans son peplum regardait avec sévérité une grisette effrontée qui lui faisait vis-à-vis.

Chez Laffitte, les moindres choses étaient à l'avenant des murailles : les moutardiers avaient été modelés par un futur prix de Rome, le tronc où les garçons mettaient les pourboires était un vieux pot de Rouen, le cadre des menus avait été dessiné par un élève de l'Ecole d'architecture. La séduction particulière de cet endroit venait en partie de ce que la décoration n'était pas combinée pour attirer les passants badauds par des étrangetés tapageuses.

La crèmerie de la rue Notre-Dame-de-Lorette
et le restaurant Laffitte ont disparu depuis longtemps, et les objets d'art qui ornaient ces deux
cabarets originaux ont été vendus aux enchères.

Le café Larochefoucauld, situé dans la rue de
ce nom, en face le marché, est un des plus anciens et des plus connus. Y passèrent : MM. Cormon, Gervex, Fauvel, le frère du célèbre doc-
teur, Rochegrosse et un grand nombre de modèles.

Armand Barthet, l'auteur du *Moineau de Les-
bie*, y buvait chaque soir, en compagnie de peintres devenus illustres, de l'absinthe à plein verre,
noyant son admirable intelligence dans la « cor-
respondance pour Charenton ».

Le malheureux y réussit sans effort.

Interné, comme alcoolique, dans un hôpital de
fous, sa fin résuma sa vie.

La sœur qui le soignait, voyant sa fin prochaine, usait tous ses raisonnements pour lui
démontrer qu'il devait se réconcilier avec Dieu,
avant de mourir ; Barthet résistait ; cette obstina-
tion faisait le désespoir de la pauvre fille ; enfin,

un soir, sentant que c'était fini, il appela la sœur, celle-ci s'empressa d'accourir au chevet de l'agonisant.

— Vous vous repentez, mon frère, lui dit-elle, vous faites bien, la vie pour vous sera meilleure là-haut.

— Oui, ma sœur, je me repens...

— Allons, un peu de courage, je vais appeler l'aumônier.

L'aumônier arriva.

— Vous vous repentez, mon ami, dit-il à .Barthet ; entre gens comme nous, je ne vous demande pas de confession, exprimez-moi simplement vos regrets de la vie un peu légère que vous avez menée.

— Je me repends et je regrette...

— Bien ! bien ! Dieu vous entend, continuez.

La mort approchait. Barthet parlait à peine, le prêtre se pencha :

— Que regrettez-vous, mon ami ?

— Je regrette, râla le moribond, de n'avoir pas fait verser mon absinthe plus forte, c'est une leçon pour là-haut !

Et il mourut.

La brasserie de la mère Clarisse, rue Jacob, portait pour enseigne : *Au roi Gambrinus*, le bonheur de la mère Clarisse n'était pas complet, elle avait bien le vocable, mais la peinture manquait ; il lui fallait à tout prix l'apothéose du grand Gambrinus.

Elle avait pour client fidèle le peintre Feyen-Perrin, bien jeune alors ; elle le pria, le supplia, enfin l'artiste consentit à réaliser le rêve de la mère Clarisse, il peignit le roi Gambrinus, dans l'attitude du Christ, entouré de ses disciples.

C'était un véritable tableau qui fit longtemps l'admiration des connaisseurs et des artistes.

Plus tard, M. Feyen-Perrin, arrivé à la réputation, désira ravoir son tableau, il mit tout en œuvre pour amener la mère Clarisse à le lui rendre, cette dernière s'y refusa avec énergie.

En 1886, la mère Clarisse mourut, le roi Gambrinus fut enlevé ; où est-il ? Peut-être nos petits-fils le retrouveront-ils un jour dans un grand musée !

Depuis la guerre de 1870, le nombre des brasseries fréquentées par les artistes est considérable.

Un des premiers qui eut l'idée de monter un établissement dans lequel pourraient se réunir tous ceux qui s'occupent d'art, fut M. Laplace; il ouvrit sa boutique avenue Trudaine, entre la rue des Martyrs et la rue Lallier et prit pour enseigne : *A la Grande Pinte*. Il débuta par régaler à l'œil quelques bonshommes, peintres ou soi-disant tels, qui garnissaient l'établissement. C'étaient des figurants. Quelques-uns lui peignirent des toiles qui furent accrochées au mur. Le pauvre Gill peignit le *Moulin de la Galette*. Il trônait, là, entre une pile de bocks et un essaim de filles qui lui faisaient croire sans peine qu'il serait un des plus grands peintres de l'avenir; il avait déjà la folie des grandeurs.

M. Laplace fut vite débordé par une foule de parasites qui buvaient sec, mais sans amener de clientèle sérieuse. Il succomba sous les efforts combinés des peintres d'occasion, et des amateurs de trottoir. L'établissement passa en d'autres mains ; aujourd'hui il n'y a plus d'artistes que ceux qui ne travaillent jamais — le patron attend que les affaires reprennent !

Après M. Laplace, un ancien acteur, M. Mous-
seaux ouvrit à côté de *la Grande Pinte*, un cabaret
qu'il appela *l'Auberge du Clou*. Cet établissement
est une reproduction aussi exacte que possible
d'une auberge de grande route, on y rencontre
beaucoup de peintres, entre autres, M. Desboutin, l'auteur de *Maurice de Saxe*. Il parle haut et
boit sec, il est aussi paradoxal que son costume, lequel rappelle à merveille celui des
rapins de 1830.

*L'abbaye de Thélème* est de création plus
récente ; ce cabaret est situé place Pigalle, dans
l'ancien hôtel du peintre Noybet.

Dans la salle du bas, sur la muraille, M. Tanzi
a peint le portrait de M. Alexis Bouvier : Gar-
gantua à cheval sur les tours Notre-Dame ; cette
peinture est sur fond de mosaïque d'or semé de
salamandres, c'est une œuvre qui vaut mieux que
le sujet.

Dans les encadrements des fenêtres d'une salle
voisine, M. Tanzi a peint une série de chiens,
depuis l'illustre carlin jusqu'au bull-dogue vulgaire ; il n'a pas oublié le célèbre caniche *Blacko*,

son chien, car il a un chien, qui ne le quitte pas plus que son ombre, il l'entoure de soins attentifs; quand il pleut, *Blacko* ne sort pas, il est tellement habitué à redouter les courants d'air qu'il ferme les portes derrière les chiens négligents.

Malgré que M. Tanzi ressemble à Alcibiade (par le chien) il n'a pas eu besoin, comme le célèbre Athénien, de lui couper la queue pour attirer l'attention sur lui.

Beaucoup de peintres viennent à *l'abbaye de Thélème*, mais c'est un cabaret grave; on s'y croirait dans une église. Les garçons marchent silencieusement comme des ombres et on a toujours peur d'y boire de l'eau bénite.

Un peintre, habitué du lieu, me racontait récemment qu'il avait peint une femme, mariée à un des plus riches entrepreneurs de Paris. C'est un exemple curieux de la bêtise humaine.

Il avait remarqué que chaque fois que cette femme venait poser, elle arrivait avec une magnifique rose thé à la main; en arrivant la rose était fraîche; après qu'elle l'avait respirée quelques minutes, la rose était fanée. Un jour, intrigué, il lui demanda quelle cause produisait ce phénomène.

— J'ai des maux d'estomac, répondit la dame, parce que je n'ai pas encore mangé.....

— .....Ou bien parce que vous avez un rat crevé dans le plomb !

La dame fit semblant de ne pas comprendre. Le portrait la représentant vêtue d'une robe de soie grenat, décolletée, en tenue de soirée, une fois achevé, elle le fit placer dans son salon, à la place d'honneur. Le peintre n'y pensait plus, lorsqu'un matin, il vit arriver la femme suivie d'un commissionnaire qui rapportait la toile : étonnement de l'artiste :

— Je viens de perdre mon mari, dit la dame, je viens vous prier de m'habiller de noir, vous comprenez qu'une robe grenat n'est plus de saison, je suis en deuil !

Le peintre s'exécuta, mais il en rit encore !

Dans l'intervalle de la disparition de la crèmerie de la rue Notre-Dame-de-Lorette, du restaurant Laffitte et de la création de cabarets cités plus haut, un homme intelligent avait monté un établissement boulevard Rochechouart.

Il n'avait rien d'artistique comme ameublement ; aussi fut-il très surpris de se voir tout à coup envahi par une clientèle qu'il n'avait pas sollicitée, mais au café, le peintre est comme une espèce de phylloxera ; il en vient d'abord un, puis deux, et quelques jours plus tard c'est une légion ; là on rencontrait des peintres dont quelques-uns ont fait leur chemin.

Le gros Mathon y développait ses théories et ses tendances ; il devrait, de l'avis de bien des artistes, être le chef de l'école paysagiste, il est tout simplement perdu au bord d'une plage et pêche la moule.

On rencontrait aussi Gibon, le peintre militaire, qui avait un esprit égal à son talent ; il avait été soldat et pouvait peindre le Pioupiou comme pas un. Après avoir amusé tout Montmartre, il mourut alcoolique et fut enterré un mardi-gras.

Karl Daubigny était un habitué, il y fuma un nombre incalculable de pipes.

Hareux, le paysagiste, y venait tous les soirs et jouait aux dominos avec Denis, le dessinateur-poète, un mystérieux, timide à l'excès, qui perdit son avenir en restant à l'écart de la coterie. Il illustra un grand nombre de livres.

Ce cabaret était un endroit joyeux ; le patron avait eu l'idée de mettre à la disposition des clients, des albums sur lesquels chacun mettait un croquis, une rime, des pensées ; tout cela était empreint d'un esprit sans préparation, sans prétention. Hareux écrivit un jour cette pensée profonde comme un puits :

— Je plains l'homme *cathareux*, il l'est trois fois plus que moi !

Mathon ajouta ceci :

— La maladie du *fouet* est chronique chez les cochers.

Gibon y faisait le général passant la revue de ses troupes et racontait les histoires les plus insensées.

La peinture se vendait bien à cette époque et la bonne humeur régnait en souveraine ; aujourd'hui on ne trouve dans ces sortes d'établissements que des mines renfrognées. La politique — d'Art — a tout envahi et les peintres habitués de ces caboulots soi-disant artistiques, ressemblent à des croque-morts et n'ont plus rien des joyeux d'autrefois ; ils s'habillent comme tout le monde et discutent la littérature du *Journal des Débats* ou du *Journal des Entrepreneurs;* leur préoccupation est la paire de gants qu'ils devront mettre demain pour la soirée de M. X... ou de Madame Z...

Et leur peinture s'en ressent.


Je passe sous silence les *boîtes* qui ont essayé ce genre-là sans réussir à attirer d'autre clientèle que des filles et des rapins sans valeur; on peut toutefois excepter la *brasserie Charles*, rue Daucourt, dont le fondateur est allé créer *la Palette d'Or*, rue de Rivoli, le *café Coquet* qui eut son heure de célébrité et où on rencontrait Benassit, Tony de Bergue, Caranza, Santiago et Forsberg.

Santiago, l'évêque. de *Notre-Dame-de-Mêlé-Cassis* est l'émule du *Raphaël de la Chopinette*, l'illustrateur du *Camp de la Loupe* (voir *Paris oublie*, page 304-305). Il est l'élève de tout le monde. Un rapin de soixante-cinq ans, c'est le dernier du genre; l'hiver, il se cantonne dans un atelier, il allume le poêle, fait les commissions, gratte un peu par ci, un peu par là; comme la bonne il fait sauter l'anse du panier pour le mêlé-cassis, mais aussitôt que les premières feuilles apparaissent, au premier rayon de soleil du printemps, il prend sa boîte à couleurs et le voilà parti aux environs de Paris.

. Il entre chez les mastroquets, et quand il a jugé, après l'avoir dégusté, que le vin est bon, quand il a flairé à l'odeur que la cuisine est succulente, il demande le patron, et lui offre de lui orner sa salle, de fleurs, de chasses, ou de paysages ; si le patron accepte, voici les conditions de Santiago :

— Mêlé-cassis à discrétion, trois repas par jour, avec café, cognac... quant au blanchissage, c'est le cadet de ses soucis.

Alors Santiago s'installe, il fait durer le travail trois mois, puis va plus loin recommencer, jusqu'à la chute des feuilles.

C'est un type excessivement curieux et qui ne manque pas de talent, mais avec un chiffon trempé dans un verre de cognac on lui ferait faire le tour de Paris.

Un des plus célèbres entre tous, c'est le cabaret du *Chat Noir*, rue de Laval, pour les artistes, et rue Victor-Massé pour le citoyen Joffrin.

Ce cabaret fut fondé par Rodolphe Salis, il y a quelques années, boulevard Rochechouart, mais ses affaires prospérant, il voulut se mettre dans ses meubles, il abandonna son cabaret devenu trop petit, pour l'hôtel artistique que tout Paris connaît.

Rodolphe Salis est connu du monde entier comme cabaretier gentilhomme; mais comme homme, comme caractère, il est absolument inconnu, c'est un type curieux et audacieux; l'anecdote suivante le peint d'un trait.

Parmi les critiques parisiens, un seul s'était toujours refusé à venir aux premières représentations du *Chat Noir*, quoique ses confrères s'empressassent de se rendre aux invitations de Salis. C'était M. Francisque Sarcey. Salis avait juré qu'il y viendrait.

Voici ce qu'il imagina :

M. Francisque Sarcey habite rue de Douai. Un soir, à la tombée de la nuit, Salis, en grande tenue, boutonné militairement, son chapeau sur les yeux, suivi de Tinchant qui remplissait le rôle d'aide de camp, se présenta chez M. Sarcey et demanda à lui parler :

— Votre nom, dit le domestique.

— Le général Boulanger, répondit Salis.

Le domestique s'absenta pour prévenir son maître. Quelques instants s'étaient à peine écoulés qu'on entendit un grand remue-ménage, et que M. Francisque Sarcey se précipitait comme une trombe, dans l'antichambre, au devant du brav' général Boulanger.

Salis a une vague ressemblance avec le césar en baudruche ; M. Francisque Sarcey est myope à rendre des points à Paul Foucher. Du premier coup d'œil il crut absolument avoir devant lui le futur successeur de Louis XIV ; aussi s'empressa-t-il de le faire entrer dans son salon. Là, Salis salua le critique, se nomma et lui exposa sa requête. M. Francisque Sarcey, qui est un homme d'esprit, rit à se tordre du stratagème employé par le célèbre cabaretier, et voilà pourquoi M. Francisque Sarcey est devenu un assidu du *Chat Noir* les jours de premières.

Une infinité de peintres et de dessinateurs se donnent rendez-vous au *Chat Noir*, MM. Fernand Pelez, Henri Somm, Henri Rivière, Heinbrinck, Uzès, le peintre émailleur Jouard, Fremiet, Falguières, Degazes, Renouard, Renoir, Rops, Morin, Jeanniot, Claude Monet, Sizley, Maignan, Thevenot, Gilbert, Puvis de Chavannes, Gervex, Clairin, Duez, Roll, Henri Pille, Carolus Duran, Balavoine, Detaille, Rodin, Tattegrain, Baffier, Helleu, Montenard, Mery, Aimé Morot, Jules Garnier, Charles Garnier, Granet, Mazerolles, Luigi Noir, Sargent, Joseph Leblant, Sinabaldi, San Domenegui, Seurat, Signac, Pissaro, Henner, de Vuilletroy, Cormon, Comerre, Rochegrosse, Lerolle, Chartran, Lebourg, Gérôme, Flameng, Constant, Lepère, Mirbach, etc., etc.

Des artistes originaux, poètes, musiciens, égayent les soirées, ce n'est certes pas banal.

Victor Meusy, avec une bonhomie sans égale, chante ou récite le *fromage*, les *fortifs*, la *carotte*, Mac-Nab, avec un flegme imperturbable chante l'*expulsion*, récite la ballade des *derrières froids*, les *poêles mobiles*, le *fœtus*. Jules Jouy, un chansonnier satirique, fait pâmer d'aise les spectateurs avec ses *Sergots*, *Monsieur Gendre* et une foule d'autres chansons improvisées au jour le jour, sur les événements. Georges Fragerolles, compositeur et admirable chanteur, chante ses *Chansons de*

*France, les Babordais*, l'*Hôtesse, Champagne, Sentinelles veillez*, etc., etc. Charles Delacour, Jean Rameau, l'auteur de *La Vie et la Mort*, Jean Floux, Paul Marrot, récitent leurs productions et Albert Tinchant est au piano, complaisant et infatigable.

Les fidèles, Henri Somm et Henri Rivière font représenter au *Chat Noir*, des ombres, qui sont de petits chefs-d'œuvre ; « tout Paris » leur a rendu justice en allant les applaudir.

Rodolphe Salis explique les différentes scènes qui se déroulent sous les yeux des spectateurs, et ce n'est pas le spectacle le moins curieux ; chaque soir il change son récit, qu'il émaille de coq-à-l'âne, d'allusions parfois indiscrètes et salées à l'adresse de personnages politiques en vue, ou d'actrices à la mode. Quelquefois ces personnages sont dans la salle, et ils sont les premiers à en rire, parce que Salis a l'esprit gaulois et éminemment parisien.

Le *Chat Noir* a un journal qui porte son nom ; Cette petite feuille, rédigée en chef par Alphonse Allais, a une allure éclectique qui plaît ; sa rédaction est de l'école des *j'men foutiste*, c'est ce qui explique son succès auprès des habitués du vendredi, généralement sceptiques; la salle du bas du *Chat Noir*, comme dit Montaigne, présente un panorama ondoyant et divers, c'est un des seuls endroits de Paris où l'on s'amuse, où le rire n'est ni commandé, ni guindé.

— Voulez-vous des olives ou de la poésie ?

C'est le poète Jehan Sarrazin qui fait son entrée, son portefeuille sous le bras. Il offre ses poésies ou le *Journal de Jane,* d'une main il tient un petit baquet, dans lequel est sa marchandise; « voulez-vous des olives ou de la poésie ? » Voilà son refrain, et il a du succès. Jehan Sarrazin est un comble : celui de la persévérance; on le blague, cela lui importe peu, il fait fortune et peut-être un jour le retrouverons-nous député et l'entendrons-nous au milieu d'une discussion orageuse crier du haut de la Tribune : « Voulez-vous des olives ou de la poésie ? »

Salis a un rêve, aller vivre de ses rentes à *Chat-noirville*, sa propriété, devenir le maire du village; mais ce n'est qu'un rêve, car jamais Salis ne quittera le *Chat Noir* qui, d'ailleurs sans lui n'existerait pas plus que l'Église sans Dieu, et puis que deviendraient ses amis, et surtout ses ennemis, car Salis, comme tous les initiateurs, en possède une légion? C'est la preuve que certaines natures inférieures ne pardonnent jamais à celui qui les a mis en lumière : la reconnaissance est un fardeau lourd à porter.

Si Salis mourait, je suis sûr qu'on verrait son ombre revenir chaque soir au *Chat Noir* pour nous redire : Entrez, Messeigneurs… Garçons, dix bocks, dix ! !

Salis restera comme un type et le *Chat Noir* un modèle du genre !

Au *Café de Mulhouse*, qui était situé boulevard Montmartre, au fond d'une cour, exactement où se trouve aujourd'hui le Musée Grévin, se réunissaient MM. Feyen, Lemis, de Groseilliez, Eugène Feyen, Moïse, Lapostollet, Morillon et Jundt, l'illustrateur des *Cigognes* d'Alphonse Daudet, tous peintres connus, MM. Bracquemont et Boetzel graveurs, et Moulin sculpteur. Ils formaient un groupe très uni et chaque soir ils traitaient les questions d'art.

Ce café n'avait d'artistique que ses consommateurs.

Le *Café Pigalle*, situé place Pigalle, est connu sous le nom de *Café du Rat Mort*; Auguste Lepage dit que ce surnom lui vient de ce que les habitués de la *Nouvelle Athènes* ayant eu une discussion avec le patron de ce café, traversèrent la rue et allèrent au *Café Pigalle* nouvellement installé; les peintures étaient encore fraîches, les plâtres encore humides, l'on respirait dans la salle du premier étage une odeur tellement désa‑gréable qu'un des nouveaux clients dit : — Cela sent le rat mort ici. Le café était baptisé.

Lepage se trompe. Voici l'origine du *Rat Mort*.

Le peintre Goupil, pas celui qui est plus connu des marchands de vins que des marchands de tableaux, faisait partie d'un groupe de peintres, habitués du *Café Pigalle*. Une nuit d'été, vers deux heures et demie du matin, la bande dont faisait partie Goupil, allait tourner la rue Pigalle, lorsque Goupil mit le pied sur un énorme rat crevé qui puait comme une charogne, il le ramassa, et, par le vasistas laissé ouvert pour donner de la fraîcheur à l'établissement, il lança le rat dans la boutique. Le rat alla s'écraser au

plafond en laissant une large tache de sang. Le
lendemain matin, fureur du patron. Lorsque Goupil arriva, on lui fit des reproches ; un bon petit
camarade l'avait dénoncé comme auteur du méfait.

— Pas tant de potin, dit Goupil, pour cacher
la tache, je vais vous peindre un chouette rat.

Il le peignit en effet ; de là le nom : *Rat Mort.*

Courbet, Manet, Pothey et un grand nombre
de modèles fréquentèrent ce café, mais, juste retour des choses d'ici-bas, les peintres ont abandonné le *Rat Mort* devant le flot montant des
vieilles gardes, et aussi parce que le café est le refuge de l'état-major de la garde nationale, pour
le *Café de la Nouvelle-Athènes.*

Ce café n'a rien de particulier ; son côté artistique lui vient du grand nombre de peintres
qu'on y rencontre : MM. Merwart, Defeuille,
Gœneutte, Faverot, Dumoulin, Henner, Louis Picard, Cossmann, Vogler (Paul), Vogler (Frédéric),
Stevens, Lopisgich, les frères Langlois, Gérardin,
Gilbert, etc., etc.

Il est à remarquer que l'élément sculpteur est

presque nul dans ces cafés; cela s'explique, le sculpteur est un être à part que nous retrouverons plus tard.

La *Nouvelle-Athènes* possède son critique d'art et son marchand de tableaux : la chambrée est complète. Le critique est M. Ernest Hoschedé, un véritable philosophe qui a vu défiler des millions et qui n'en est pas plus fier pour ça. Le marchand de tableaux est *Peau-de-Lapin*; un surnom, tête hirsute, bon cœur, obligeant, gouailleur, à qui plus d'un artiste doit d'avoir pu exposer, grâce à ce que *Peau-de-Lapin* a crédit chez l'encadreur.

L'encadreur !

Encore une des douleurs de l'artiste.

IV

# IV



Le monde est injuste quand il parle des artistes
et encore plus injuste quand il parle des modèles.
Les femmes surtout, elles, ne pardonnent pas aux
autres femmes d'être plus jeunes, plus belles,
mieux faites, plus intelligentes. Elles n'ont pas
assez de termes méprisants pour les qualifier : dans

les ateliers on ne fait que des orgies; il faut que des femmes soient bien putains pour oser se mettre nues devant des hommes, etc., etc.

La bourgeoise, souvent, est plus dévergondée que ces pauvres filles qui, en somme, sont indispensables aux artistes.

On s'imagine généralement que le modèle est une perfection, qu'il faut prendre l'expression « modèle » dans un sens absolu, c'est une erreur.

Une fois que le peintre a choisi son type, il lui faut trouver le modèle qui s'en rapproche le plus; mais comme les modèles parfaits sont rares, il lui en faut plusieurs : l'un pose pour la tête, le cou, les bras, les jambes, le torse, pour la partie du corps qu'il a la plus harmonieuse et la mieux proportionnée.

Le modèle français, comme le modèle italien, se rend à domicile ou dans les académies particulières qui pullulent à Paris; les plus réputées sont celles de MM. Jullian, Colarossi, Cormon, Benjamin Constans, Krug, Humbert, Gervex, etc.

Avoir un modèle, pouvoir prendre un modèle, après le choix d'un atelier bien situé et bien éclairé, c'est la préoccupation du jeune peintre.

Combien d'entre eux sont restés en route faute de posséder l'argent nécessaire pour payer un modèle. Combien sont morts pour en avoir trop pris ?

Tous les peintres n'ont pas la chance du Titien, pour lequel la duchesse de Ferrare posait à l'œil dans le costume que chacun sait. On peut dire que les jours où elle posait elle ne se ruinait pas pour sa couturière.

Il est vrai de dire que tous les peintres ne sont pas le Titien et qu'ils n'ont pas la même chance. Aujourd'hui le modèle est cher, il a suivi la hausse de la viande ; tout comme pour elle, il y a des catégories.

Hélas ! avant de se déshabiller, il faut s'habiller !

Toutes les femmes en vue, qu'elles soient du monde, du demi ou même du quart de monde, *posent* pour les peintres et les salons, le vernissage, ce jour des toilettes qu'elles font préparer par leurs couturières six mois à l'avance.

Elles *posent* aux bains de mer, au bois, aux courses, dans toutes les réunions mondaines, au théâtre ; elles luttent de grâce et d'élégance ; c'est un régal pour les amateurs.

Winterhalter devint peintre de l'impératrice Eugénie parce que les dames de la cour avaient, inconsciemment sans doute, *posé* devant lui.

Il grava à la pointe sèche un buste de l'impératrice, puis il l'entoura, comme d'une guirlande de fleurs, des portraits des principales dames d'honneur ; au-dessous ces vers étaient écrits :

> Ces dames s'en vont, le matin,
> Baigner épaules de satin
>      Et jambes roses ;
> La brise apporte son baiser
> Et l'Océan vient se briser
>      Sur bien des choses.
>
> Au grand effroi des matelots,
> On voit sortir des flots
>      Ou du corsage
> Maints récifs qu'on ignorait,
> Tendres écueils où l'on voudrait
>      Faire naufrage.

La femme a soif de publicité, elle adore qu'on s'occupe d'elle et sert volontiers de modèle, plus vêtue, il est vrai, que la duchesse de Ferrare ; elle aime à voir ses traits, j'allais dire ses charmes, reproduits.

Heureux le peintre qui trouve son modèle sans tomber sur une *poseuse*.

En dehors de la patricienne qui *pose* pour la galerie, de la maîtresse pour son amant, de la mère et de la fille qui *posent* pour le père ou pour le fils, il y a le modèle payé, le vrai, celle qui est du bâtiment, est rompue au métier, fille intelligente, sans pudeur, sans préjugés, à l'occasion Marie ou Messaline, qui s'élève dans le ciel ou le vice ; Diane dans la forêt ou Hécate aux enfers.

C'est de ce modèle qu'il faut parler :

La plupart des modèles viennent d'Italie. Modèles italiens ou italiennes tiennent leurs grandes assises, place Pigalle, autour de la fontaine.

Il est curieux de les voir, le matin, par un beau jour ensoleillé, groupés, les femmes resplendissantes de soie, en costume national, les hommes assis paresseusement sur la bordure du trottoir ; tout ce petit monde cause avec animation. C'est la reproduction exacte, costume et paysage à part, de *la louée* de Normandie, ce tableau si charmant des *Cloches de Corneville.*

Voici comment les Italiennes viennent à Paris.

Vers le quinze juin, des *rameneurs* — c'est une profession — partent pour Rome et Naples, villes où ils savent, qu'attirés par les grandes fêtes de la fin de ce mois, la Saint-Pierre et la Saint-Paul, *Contadini* et *Contadine*, habitants des Romagnes et de la Basilicate, afflueront en foule.

Là, ils choisissent leur marchandise, plutôt le *type* que la *beauté*.

Une fois leur dévolu jeté, ils s'abouchent avec les parents et signent avec eux un contrat.

Ce contrat est généralement pour trois ans; ils versent la prime convenue, et en route pour la place Maubert.

Une fois là on verra bien.

Arrivé à Paris, le *rameneur* va prendre langue dans les ateliers, seul; puis quand il est fixé sur les besoins des peintres, il prend avec lui cinq ou six de ses pensionnaires et les promène d'ateliers en ateliers : l'artiste fait son choix, débat le prix et donne ses heures.

Tous les matins, il part avec les modèles, les conduisant comme les Béarnais font de leurs chèvres, et en dépose un sous chaque porte.

Le soir, à heure fixe, il les reprend, reforme son troupeau ; tous les *rameneurs* se réunissent place Pigalle et partent pour la place Maubert.

Le père accompagne presque toujours sa femme

ou sa fille ; on pourrait croire que c'est par jalousie, les Italiens ayant la réputation d'être des Othellos féroces. La jalousie n'entre pour rien dans cette sollicitude. C'est l'argent qui en est le mobile, car l'Italien est pratique ; à son point de vue, il est plus naturel qu'il encaisse le produit du travail des siens que de le faire encaisser par un autre qui pourrait en distraire une partie, ou même tout garder.

Le modèle féminin est le tourment perpétuel de l'artiste ; généralement coquette, très femme, dégrossie par la fréquentation d'un monde qui lui est supérieur par l'éducation, il désespère le peintre par son inexactitude continuelle. Il le laisse en plan sous les prétextes les plus futiles, il enterre sa mère vingt fois par an, chaque fois qu'il fait un beau soleil, qu'un caprice le prend ou qu'un amant de rencontre lui offre une friture au Bas-Meudon et une polka dans un bal champêtre. Pendant ce temps le malheureux peintre se morfond : c'est précisément les jours de belle lumière qu'il pourrait travailler, mais le modèle s'en moque.

Il existe une agence de modèles : elle a été

créée par M. Socci , bien connu dans le monde des peintres. Les modèles que fournit cette agence sont d'une exactitude exemplaire ; elle procure aux peintres des modèles appartenant à toutes les professions.

Les modèles parisiens sont généralement d'anciennes ouvrières qui ont déserté l'atelier, trouvant ce métier plus lucratif et beaucoup moins fatigant. Comme, pour la plupart, elles ont déjà jeté leur bonnet par-dessus les moulins, cela ne les gêne guère de poser nues. Toutefois il y a des exceptions. On en rencontre des timides, pas pour un peintre seul, mais dans les académies.

Un modèle peut gagner dix francs par jour et en moyenne trente-six francs par semaine dans certaines académies.

Georgette, le modèle favori de M. Chaplin, renommée pour posséder le plus joli pied de Paris, faisait le désespoir du célèbre peintre. Il l'attendait des journées entières, pendant qu'elle jouait au besigue à la brasserie des Martyrs, ou bien qu'elle se promenait sentimentalement avec une de ses amies sous les ombrages de la forêt de Saint-Germain.

Il est cependant juste de dire qu'à côté de ces irréguliers ultra-fantaisistes, il en existe qui prennent au sérieux leur métier et l'exercent très honnêtement.

Le modèle de M. Bouguereau, véritable employé rond de cuir, gagne 300 francs par mois fixe; elle est nourrie en outre dans la maison; elle passe son temps dans la cuisine à tricoter des bas ou à broder au crochet.

Chaque fois que le maître a besoin de son modèle, il le fait demander:

— Madame, posez-moi ce mouvement.

L'étude terminée, il la remercie et elle retourne à son interminable crochet.

Madame Bertha, le modèle de Stevens, est une des plus jolies femmes qui se puissent voir.

Madame Adèle est devenue la femme du peintre L...

Quand M. L... eut remporté le prix de Rome, ét qu'il dut partir pour la villa Médicis elle ne voulut pas le quitter.

Pour vivre, comme l'artiste n'était pas riche, elle se mit courageusement à faire des modes. Touché par tant de dévouement et d'amitié discrète, le peintre l'épousa.

M. L... est hors concours, chevalier de la Légion d'honneur, et c'est avec bonheur que la grande dame d'aujourd'hui se souvient de la petite modiste d'autrefois.

C'était la jeunesse !

Il est des modèles qui ont la nostalgie de l'atelier ; l'odeur des couleurs, le désordre voulu, le laisser-aller des causeries familières, les visages amis des camarades sont autant de choses qui leur manquent. Comme le Basque qui revient du fond de l'Amérique du sud pour saluer son village avant de mourir, certains modèles arrivés à la fortune continuent à fréquenter les ateliers.

Telle est madame D..., l'ancien modèle favori du peintre Lagarde, très riche aujourd'hui.

C'était un modèle lettré, ce qui est rare. J'ai copié dans son album le quatrain suivant, qui fera partie d'un volume qu'elle publiera un jour :

Entrez vite par ma fenêtre, entrez vite beau printemps,
En vous voyant apparaître, je retrouve mes vingt ans.
Quelles sont fraîches les roses qui naissent quand
                                              [vous parlez.
Et que vous dites de belles choses au cœur que vous
                                              [caressez.

Tout le monde connaît le magnifique groupe du sculpteur Fremiet : *l'Ours et le Gladiateur*, Thomas l'Ours avait posé pour le gladiateur, de là son sobriquet.

Sur ses papiers, Thomas l'Ours était appelé *Bokowski* ; grâce à ce nom qu'il prononçait *Bokouski*, il se croyait né en Pologne.

Il en avait arrangé une légende qu'il racontait cent fois dans une journée :

— Dès que j'ouvris les yeux, je me vis au milieu d'un régiment de lanciers de la garde impériale ; comment me trouvais-je là ? Je n'avais eu ni père ni mère, le régiment m'avait adopté ; en 1830, je le quittais, j'étais cavalier de première classe.

On m'avait surnommé *Bokouski* parce que je mangeais beaucoup.

En effet, Thomas l'Ours avait un appétit formidable, il mangeait volontiers, en guise d'apéritif,

un pain de quatre livres trempé dans deux litres
de vin.

Thomas l'Ours était admirablement musclé. Il
était maigre à faire frémir l'homme-squelette.
Grand, géant même, il avait des yeux qui bril-
laient comme des diamants, ombragés par des
sourcils épais; pour moustaches, un amas de poils
roux dans lesquels une souris aurait facilement
fait ses petits. Toujours vêtu d'une redingote, trop
longue ou trop courte, selon la taille de son premier propriétaire, veuve de boutons, qu'il remplaçait avec des ficelles, comme des brandebourgs,
coiffé d'un chapeau haute forme, trop grand ou
trop petit pour les mêmes raisons que la redingote, sa chaussure était tout un poème, usée,
éculée, rapiécée, déchirée : ses orteils passaient de
trois centimètres.

Devenu vieux, il allait dans les ateliers, et, pour
deux sous, il tirait la peau de son ventre qu'il
tendait comme un tambour, les rapins y battaient
le rappel avec des appuis-main.

Sans façon, dans la rue, quand il avisait une
tête qui lui plaisait, il s'approchait timidement et
lui disait :

— Vous n'auriez pas, par hasard, un vieux sou
rouillé qui s'embête dans votre poche et puis une
pipe de tabac ?

On lui donnait généralement.

Qui sait que l'ancien modèle fut un jour maréchal de France ?

A la révolution de 1848, Thomas l'Ours se battit
depuis le 22 février jusqu'au 24 au soir ; il entra
l'un des premiers au palais des Tuileries. Il
trouva, en furetant dans les armoires, un uni-
forme de maréchal de France : il l'endossa, mais
il trouvait qu'il n'y avait pas assez de galons pour
exercer un prestige sur les hommes de sa troupe,
alors il imagina de faire coudre sur les manches
des galons de sergent-fourrier, malgré qu'il ne
sut ni lire ni écrire !

Ainsi accoutré, il organisa la garde du château ;
il fit faire une pancarte sur laquelle ces mots
étaient inscrits en grandes lettres :

MORT AUX VOLEURS

Puis il fit fouiller tous ceux qui sortaient du
château ; tout individu qui était trouvé porteur

d'un objet appartenant aux Tuileries, était immé-
diatement fusillé.

C'était un autre épisode de sa vie qu'il aimait à
raconter.

— Ah ! disait-il, au souvenir de sa puissance
éphémère, si *j'aurais* voulu !

J'avais avec moi deux cents lapins *qu'avaient*
pas froid aux yeux, *qui qui* m'aurait fait partir des
Tuileries, si je *m'avais* mis en travers.

Je *me* suis pas *peigné* pour une place, pour être
du gouvernement, comme tant de canailles, moi
*j'ai* parti, j'ai refourré dans *l'ormoire* les frusques
du maréchal, j'y ai laissé les galons de fourrier,
j'ai *renquillé* ma *lime*, mon *grimpant* et mon
*alpague* et je me suis *trotté*[1].

Bamboula est le lutteur bien connu de la ba-
raque de Marseille jeune et des Folies-Bergères :
il n'a pas d'histoire, il est nègre et il continue.

Pauline Saucez est une ancienne giletière.

Adrienne était jadis couturière : c'est le modèle

----

[1] *Peigné*, battu ; *renquiller*, endosser ; *lime*. abréviation de
*limace*, chemise ; *grimpant*, pantalon ; *alpague*, redingote ;
*trotté*. en aller.

attitré du peintre Jacob, ce fut elle qui posa pour la danseuse du tableau de M. Roll, *le 14 Juillet*, tableau qui est relégué dans une salle du pavillon de la ville de Paris où a lieu chaque année l'exposition des peintres impressionnistes.

Elle posa également pour les peintres Boulanger (rien du général), José Frappa et de Chambord.

Sarah Brown est une jeune bohémienne, ancienne écuyère de l'Hippodrome. Elle s'amouracha d'un étudiant et, à l'époque de l'expulsion des Princes, elle faillit devenir une femme politique, une autre Louise Michel; elle organisa chez elle, rue des Fossés-Saint-Jacques des réunions politiques. Lâchée par son étudiant, elle tenta de se suicider (c'était la troisième fois); alors dégoûtée du quartier latin elle se fit modèle.

Ce n'est pas un modèle commode. Posant pour la première fois dans l'atelier de Jules Lefebvre, elle jeta une boîte à couleur à la tête d'un rapin qui avait voulu l'embrasser; partagés en deux camps, les rapins allaient s'assommer, lorsque Jacob prit la parole et rétablit la paix.

Clélie est un modèle si maigre qu'elle pourrait

coucher dans une canne à pêche ; quoi qu'elle soit payée pour n'avoir plus d'ingénuité, elle est d'une candeur sans égale. Quand on lui demande la profession de son père, elle répond :

— Mon père est médecin, mais comme je trouve que c'est une profession qui ne signifie rien, je dis qu'il est maçon : c'est bien mieux.

Alice est le modèle préféré de M. Henner, c'est elle qui a servi de modèle pour l'*Hérodiade* du salon de 1887.

Marthe est une négresse née au Sénégal. Après avoir été fille de boutique dans un bureau de tabac à Trouville, elle se fit matelassière, puis modèle : elle a posé chez M. Gérôme, chez Benjamin Constant pour l'*Entrée du Chérif* et chez le peintre Desportes pour l'*Esclave de Cléopâtre*.

Marie-Louise est le modèle favori de M. Rochegrosse.

Adeline, surnommée Madame de la Tétonnière, est un ancienne blanchisseuse. Ce fut Boldini qui la découvrit ; elle posa pour Rousseau la *Lettre du fiancé*.

D'Helval est une ancienne chanteuse de l'Eldorado, ce fut elle qui servit de type pour la *mulâtresse* de M. Saimpierre, elle posa aussi pour le sculpteur Caïn.

Elle ne pose que pour le nu et la tête, dit mon excellent confrère Paul Dolfus dans une étude sur *Paris qui pose*, publiée par la *Vie Moderne*, dont l'aimable rédacteur en chef, M. Gaston Lébre a bien voulu mettre la collection si rare à ma disposition, — ce dont je le remercie.

Pauline Saucez. J'emprunte à M. Paul Dolfus l'anecdote suivante sur ce modèle :

« Comme elle posait dans l'atelier des élèves du peintre Fray, une dame chanoinesse prenait des leçons de l'artiste; elle causa avec Pauline, et lui demanda bientôt si elle accepterait de venir poser l'ensemble chez un sculpteur amateur à qui elle lui proposa de la conduire. Les conditions étaient acceptables, Pauline accepta.

L'amateur portait une très longue blouse blanche, il avait la face glabre et toujours la tête couverte. Il commença d'abord par photographier Pauline, mais la photographie *rata*, il entreprit alors, d'après elle, une statue de l'*Espérance*.

Or, ses manières parurent bizarres à Pauline. Il mettait toujours sa blouse avant d'entrer à l'atelier, se changeant dans une pièce voisine, il la couvrait de longs regards; mais en prenant les mesures, il tremblait comme la feuille. Intriguée, Pauline l'observa, elle crut deviner sous la blouse, une soutane. Son doute, à mille riens, se changea bientôt en certitude.

Alors, une peur irraisonnée la prit.

Un jour la chanoinesse qui assistait toujours aux séances, la laissa seule avec l'inconnu; celui-ci lui parut plus bizarre que jamais. Effrayée, elle s'enfuit, rejoignit la chanoinesse sur le carré, lui déclara que l'amateur était un prêtre — un curé, comme dit Pauline — qu'elle l'avait reconnu, qu'elle en était sûre, et qu'elle la suppliait de ne pas la laisser seule avec lui.

La chanoinesse protesta. Pauline insista; alors celle-ci lui proposa d'assister aux séances mais d'en diminuer le prix.

Pauline n'attendait qu'un prétexte; celui-ci lui parut bon; elle refusa, et laissa comme il put le prétendu prêtre achever son *Espérance*.

Aïcha. Quand vous passerez sur la place Sainte-Marie à Montmartre, et que vous rencontrerez une grande fille, maigre à faire peur, les yeux caves, cernés, brillant comme des lanternes à travers une nuée de brouillard, une chevelure crêpue, abondante, marchant courbée, chancelante, c'est Aïcha, la femme qui servit de modèle pour la *Salomé*, du peintre Henri Regnault.

Le vrai type de la femme sauvage. Pour peu qu'elle vous connaisse, elle vous arrêtera, en pleine rue, et vous racontera « ses malheurs ».

Elle commence par ôter sa fanchon, secoue sa crinière et vous dit aussitôt :

— Regarde la *Salomé !*

Alors elle parle de Guillaumet qu'elle appelle son père ; elle débite contre Benjamin Constant des histoires à dormir debout, et termine en disant :

— Je crève de faim, paye-moi un café.

Si on accède à son désir, et comment le lui refuser, elle recommence à débiter son histoire, nerveusement ; elle crie, tempête comme si elle allait tout casser, et finit en pleurant.

J'avoue que l'aspect de cette malheureuse m'a

très profondément ému, et je ne comprends pas que dans le monde des peintres, si charitable, on ne renvoie pas cette pauvre fille mourir en Algérie.

Je sais bien qu'elle a fatigué beaucoup de gens, mais la misère est son excuse.

D'ailleurs comme elle dit :

— Aïcha n'est pas méchante.

C'est une sauvage avec le tempérament du désert, une grande enfant perdue au milieu de nous.

Tous ne finissent pas comme Aïcha.

Les modèles deviennent parfois riches. Duhas a laissé vingt mille francs à l'École des Beaux-Arts pour augmenter la pension du prix de Rome ; un autre modèle institua il y a peu de temps une somme de plus de cent mille francs pour fonder un prix annuel de paysage !

Je ne sais plus quel modèle alla un jour emprunter cinq cents francs à un peintre très connu : après quelques difficultés il les lui prêta. Vexée d'avoir été marchandée, elle alla trouver un ami et lui emprunta la même somme. Alors elle renvoya les cinq cents francs au peintre avec ces simples mots :

— Je te remercie, j'ai trouvé un autre imbécile !

V

# V



C'est aux Grecs que l'on doit la première décou-
verte des premiers effets d'ombre et de lumière ;
la peinture consistait alors dans des images enlu-
minées plus ou moins grossièrement, mais sans
perspective.

Pamphile fut le fondateur de l'école sicyonienne ;
les plus célèbres peintres grecs furent Parrhasius,
et Polygnote, ce dernier orna les portiques d'A-
thènes et peignit les fresques du temple de Delphes.

Les peintres grecs exposaient leurs ouvrages en public : ce fut là le germe de l'exposition des Beaux-Arts.

Cimabué fut le fondateur de l'école florentine, mais ce ne fut qu'au commencement du xv^e siècle, lorsque Van Dyck inventa la peinture à l'huilé que cet art fit des progrès rapides.

Le premier tableau à l'huile, paru en France, date de 1550, il représente le *Jugement dernier :* son auteur est Jean Cousin, le créateur de l'école française.

L'origine de nos expositions modernes remonte à la fondation de l'Académie royale des Beaux-Arts, au commencement du xvii^e siècle. La première eut lieu en 1667.

Les expositions se tenaient primitivement au Louvre et aux Tuileries. En 1853, l'exposition eut lieu aux Menus-Plaisirs.

En 1855, l'exposition eut lieu dans un bâtiment provisoire, avenue Montaigne.

Depuis 1858, l'exposition de peinture qui prit le nom de « Salon » a lieu chaque année au Palais-de-l'Industrie, du 1^er mai au 30 juin.

L'origine des livrets, date de 1673. Pendant

longtemps les livrets ne se vendaient que douze
sols ; aujourd'hui, ils se vendent un franc. Il est
juste de dire que les premiers n'avaient que quatre
pages et qu'aujourd'hui ils en ont près de cinq
cents !

Primitivement, le Salon était officiel et dépen-
dait du ministère des Beaux-Arts. Depuis le 17 jan-
vier 1881, les artistes français, constitués en société
organisent le Salon et l'administrent eux-mêmes :
M. Bailly est leur président.

Les visiteurs du Salon, pendant qu'il bat son
plein, ne ██████████████ainement pas, en parcou-
rant les salles, admirant de confiance toutes ces
toiles richement encadrées, du remue-ménage que
cette installation a causé.

C'est aux jours d'envois et surtout le dernier,
qu'il faut voir ça : le coup d'œil est unique au
monde.

Les envois se font du 10 au 15 mars; ils arrivent
par une des portes latérales du Palais-de-l'Industrie, n° 9, côté de l'avenue d'Antin.

Les tableaux, émaux, dessins, pastels, aquarelles, arrivent dans des voitures de toutes catégo-

ries, par n'importe quel temps. A la date assignée, le 15 mars aucun délai possible pour le malheureux artiste : donc, si une roue de la voiture à bras qui transporte son œuvre s'est cassée en chemin, tant pis pour lui ; si sa voiture accroche, ou si le commissionnaire maladroit crève sa toile, tant pis encore ; il faut arriver à tout prix. Cela donne lieu à des incidents comiques et navrants à la fois. C'est une véritable course au clocher.

— Prenez-donc garde, vous allez abîmer mon cadre.

— Attention là-bas.

— Rangez-vous donc,        gare aux têtes !

C'est un tohu-bohu général.

A la porte, les élèves des Académies, les curieux, les parents des peintres, se pressent, se marchent sur les pieds, se bousculent, montent sur les bancs ; ils essaient d'envahir la chaussée, malgré une forte escouade de sergents de ville, afin de mieux voir le tableau qui arrive.

Au pied de l'escalier monumental qui conduit à la salle de réception, se tient une petite vieille, essoufflée, crottée : on devine qu'elle a fourni une

longue course, en trottinant sec, pour arriver à
l'heure. Elle tient précieusement, sous son bras,
avec une tendresse de mère, deux petites aquarelles enveloppées dans un vieux journal : c'est
son œuvre. Elle s'imagine qu'elle fera passer son
nom à la postérité. Près d'elle, se tient un vieux
peintre : trempé par la pluie, il abrite deux petites
toiles, encadrées pauvrement, sous un mouchoir
à carreaux. Il aura un gros rhume, mais que lui
importe, ses deux paysages avant tout !

Il couve du regard ses enfants bien-aimés qui
doivent arrêter les yeux des visiteurs.

— Ah ! les jeunes ne font pas ça, on a beau dire,
pense-t-il, dans le temps la peinture était plus
consciencieuse.

Pauvre bonhomme, voilà trente ans qu'il a eu
les mêmes illusions et les même déboires.

Un peu après, arrive Grômat, le chapeau bossué
sur l'oreille, vêtu d'une limousine de berger. Il
semble dire à la foule de curieux : je m'en fous !

Arrivent comme des pensionnaires, un essaim
de petites filles, conduites par une femme âgée, à
l'aspect sévère, qui a sur son corsage plat et noir
un petit bout de ruban violet, la médaille de

Sainte-Hélène des artistes, c'est leur institutrice. Elle marche droite et fière, elle se redresse comme un coq un jour de combat, elle est heureuse de conduire ses élèves, qui vont exposer leurs petits dessins, exécutés sous sa surveillance et, auxquels elle a donné le coup de fion. Pour un peu elle dirait à la foule, ce que jadis le père du gymnasiarque Léotard disait aux spectateurs du Cirque d'hiver : messieurs, c'est mon fils !

Après avoir gravi l'escalier on se trouve, dans une salle immense, où se pressent à s'étouffer, tous ceux qu'un intérêt y amène.

On apporte les tableaux qui doivent passer sous la toise comme de simples conscrits, pour ensuite, être inscrits sous un numéro provisoire.

C'est une première opération avant que les tableaux ne passent sous les yeux du jury.

Des hommes de peine les prennent des mains des encadreurs ou des artistes et vont en file indienne, les présenter aux employés qui sont chargés de les inscrire ; les employés donnent au propriétaire, en échange, un reçu portant le numéro d'ordre.

Quoique ce commencement de réception ne

soit pas le bon, on peut lire sur la figure des partants la satisfaction qu'ils éprouvent : c'est un soulagement de s'être débarrassé d'un tableau qu'on est habitué à voir et qui procure tant de soucis à son auteur jusqu'au jour où il est *casé*

En groupes compactes, les artistes discutent les chances de tels ou tels.

— Un peu vert, le terrain de celui-là : c'est un plat d'épinards.

— Trop lourd, le terrain de celui-ci.

— Ça, c'est bien, dit un autre.

— Mauvais, mauvais ! lui répond-on en chœur.

Des éclats de rire accueillent l'arrivée d'un portrait : une femme grande et sèche, rouge de chair et noire de cheveux.

— C'est du pain d'épice.

— Mais non, c'est du chromo !

Des murmures saluent l'arrivée d'une femme nue.

— C'est la femme-squelette.

— Il aurait dû lui mettre des jarretières.

On juge, on discute, on hurle même ; ces hurlements se confondent avec ceux des élèves des Académies et des ateliers qui sont en bas, dans la

ruc, poussant des crix d'animaux, se découvrant
en suivant les porteurs, comme à un enterrement;
la foule des élèves s'est grossie de quelques femmes
de toilettes tapageuses; ce sont des modèles ou
des habituées d'ateliers : elles connaissent la plupart des tableaux, elles formulent hautement leurs
critiques, en un langage émaillé d'expressions
salées :

— C'est rien toquard; c'est peint avec de la gui-
mauve. Pige donc les jambonneaux de la femme;
elle en a des tripes qu'on ne mangera jamais à la
mode de Caen !

J'en passe, et des meilleures.

Ces femmes (soyons polis) engueulent de préférence les pauvres filles qui apportent un petit
pastel ou un petit émail; celles-ci n'y font pas
attention tant leur préoccupation est grande.

La veille, elles ont festoyé en faveur de l'œuvre,
des vieux parents sont venus de loin pour apporter leurs souhaits; la concierge est arrivée pendant
qu'on discutait la toile et ses chances d'admission
au Salon, elle aussi donne son avis :

— Comme c'est bien fait, ça me rappelle ma
prairie.

Hélas ! le jour de la désillusion, la concierge apporte un matin à la pauvre artiste une lettre qui, à côté de l'adresse, porte l'en-tête de la Société des artistes français ; la lettre est verte, couleur espérance. — Refusée !

C'est à recommencer l'année prochaine.

Six heures sonnent, c'est le moment fatal : aucun tableau ne peut plus pénétrer dans l'intérieur du palais, alors on entend des cris de fureur, on interpelle les cochers de fiacre :

— C'est votre faute, vous n'avez pas été assez vite.

— M...., répond le cocher, y aura assez de cochonnerie sans la tienne.

Les portes se ferment, les élèves s'en vont, en monôme, chantant un cantique ou une scie d'atelier, puis le silence se fait dans la rue comme en haut !

Il en sera de même au prochain Salon.

Le conseil d'administration du Salon est composé de quatre-vingt-dix membres, il se nomme le Comité des 90. A époque déterminée, tous les

trois ans, un scrutin a lieu pour remplacer cinquante membres sortants.

L'élection a lieu dans la salle V du Palais-de-
l'Industrie ; le jour du scrutin, une quantité
d'hommes distribuent des listes imprimées ; l'élec-
teur n'a qu'à prendre la première venue, une autre
ne changerait rien à l'ordre de choses établi, les
noms de l'année dernière y figurent et y figureront également l'année prochaine. Nous verrons
pourquoi tout à l'heure.

A quatre heures, le scrutin est clos ; des employés dressent des tables pour les scrutateurs
chargés du dépouillement des votes; le travail
commence. Le président qui, pendant le vote,
était assis derrière l'urne, distribuant de droite à
gauche d'aimables sourires, saluant ses élèves en
leur indiquant d'un regard ou d'un geste sa bonne
intention de leur être utile s'ils votaient bien, se
promène majestueusement, fièrement : il n'a plus
l'air aimable, il est sûr du succès !

L'opération du dépouillement est suspendue
vers sept heures; les scrutateurs, à un signal
donné, passent dans une salle voisine. C'est la
même que celle où a eu lieu le scrutin, mais une

tapisserie la coupe en deux, des tables sont dressées dans toute la longueur. Les scrutateurs prennent place pêle-mêle avec les candidats, on pourrait dire avec les élus, puisqu'à un nombre insignifiant de voix de différence ils sont connus, toujours les mêmes. Aussi les mâchoires claquent et les fourchettes fonctionnent, et pas dans le vide ; c'est un repas pantagruélique dans lequel les convives engloutissent : jambons, poulets, gigots, pâtés de foie gras ; les garçons, revêtus de longues blouses blanches, circulent silencieux autour des tables ; peu à peu les estomacs s'emplissent, le vin délie les langues. En peu d'instants c'est un vacarme infernal, chacun allume sa pipe ou sa cigarette, tout le monde parle à la fois, enfin un calme relatif s'établit. C'est un convive qui demande la parole pour chanter une chanson ; on la lui accorde, ou pour mieux dire, il la prend, et il entonne une cochonnerie en argot ; c'est presque toujours un sculpteur qui commence. Le répertoire est varié : *Alphonse du Gros-Caillou* ; *l'Art d'em.....bêter un cochon* ; *Célestine* ou *la Marmite qui fuit*.

En voici un couplet :

> T'étais nippée à la cocotte ;
> On jactait : Est-elle frusquinée !
> Ça donne envie d'tirer une botte,
> C'est une marmotte qu'est rien tapée.
> Maintenant tu t'toquardes de la frime,
> Tes deux oranges tombent dans tes bas,
> T'es des mois sans changer ta lime,
> Y'a mêm' des fois qu'tu n'en as pas.

Et il y a là des membres de l'Institut qui écoutent ces insanités sans sourciller, avec une bonhomie plus apparente que réelle, car s'ils protestaient on les bombarderait de boulettes de mie de pain ; d'ailleurs, un jour d'élection, c'est la conséquence de nos mœurs républicaines, le candidat doit manger dans la main de ses électeurs : « Je suis leur chef, il faut que je les suive », disait Ledru-Rollin ; ce sera éternel.

Vers neuf heures, les scrutateurs se remettent au travail, et à deux ou trois heures du matin le résultat du vote est proclamé par le président.

Après la réception provisoire des tableaux le jury est nommé ; il se compose de quarante membres, lesquels statuent sur l'admission définitive des toiles présentées.

La première opération du jury consiste à recevoir les tableaux qui dépassent 1 m. 5o ; c'est le jury qui défile devant les toiles dressées au long des murs ; la seconde, il reçoit les tableaux qui n'atteignent pas 1 m. 5o, mais ce sont les garçons qui les leur présentent, puis la *revision* a lieu ; s'il y a trop de toiles, le jury en élimine pour arriver au nombre voulu, dans le cas contraire il en reprend parmi les refusées ; ensuite il y a la tournée de *repêchage*, elle commence par la galerie pour finir à la *chambre du chevalet*.

Pour les refusés, il n'y a plus qu'un espoir : *la charité*.

Chaque membre du jury a droit à une *charité*, cela veut dire qu'il peut accepter sans donner de raison la plus ignoble croûte : il lui suffit d'inscrire le titre et le numéro du tableau sur une feuille de papier qu'il remet au secrétaire. Est-ce un bien ; est-ce un mal ? Cette coutume est-elle utile pour les artistes ?

Je ne le pense pas, car certainement elle développe plutôt l'esprit d'intrigues pour obtenir la *charité* qu'elle ne stimule le talent du peintre sûr d'être accepté s'il a un ami dans le jury.

Une bonne histoire à ce sujet :

Une actrice célèbre, surtout par ses excentricités sur les planches, dans les cages des dompteurs, partout où le tapage mène à la réclame, s'était éveillée, un bel après-midi, et, tout en procédant à sa toilette, avec du bleu, du blanc, du rouge, du noir, elle s'imagina que se peignant bien, elle pourrait peindre ; elle se mit à l'œuvre, et finalement accoucha d'une petite ordure, admirable pastiche d'une image d'Epinal; sans dessin, sans style, sans couleur, même pas bonne pour servir d'enseigne à une sage-femme de Noisy-le-Sec.

. Elle l'envoya au Salon.

Comme bien on le pense son tableau fut refusé d'emblée. Ah! il n'y eut pas de discussion, elle connaissait le peintre Gervex, elle alla le prier d'exercer pour elle son droit de *charité*. Gervex ne s'en souciait guère, mais elle le pria, le supplia si instamment qu'il y consentit.

Néanmoins il réfléchit, et, ne voulant pas se compromettre, mais voulant quand même rendre service, il alla chez M. Bin, maire de Montmartre et peintre en même temps :

— Je viens, mon cher maître, lui dit-il, vous

prier de me rendre un service, celui d'exercer votre droit de *charité* en faveur d'une pauvre mère de famille qui a trois enfants en bas âge, son père aveugle et sa mère paralytique, elle est veuve, et soutient tout ce monde avec ses pinceaux, si elle figure au Salon, cela donnera de la valeur à sa peinture.

M. Bin ému promit à Gervex de faire recevoir le tableau de sa protégée.

— Ah ! à propos, ajouta-t-il, son nom ?

— Léa d'Asco.

M. Bin tint sa promesse, mais l'aventure s'ébruita, et, depuis cette époque, Léa d'Asco mère de famille est devenue une légende dans le monde des peintres.

La question du jury est grosse pour les peintres en raison du mode d'élection qui le rend inamovible.

Les institutrices ou professeurs de dessin disent aux petites filles que nous avons vu conduire en bande à la première réception :

— Mesdemoiselles, vous voterez pour MM. X... ou Z...; c'est d'après leurs œuvres que vous avez fait la vôtre et leur aide est excellent.

Les petites filles votent comme un seul homme, je pourrais citer des membres de l'Institut qui doivent en partie leur haute situation à cet appoint inconscient.

Ce n'est pas tout.

Les élèves des Académies, jeunes gens de famille pour la plupart, et dont le plus grand nombre se moque de l'art comme de leur première cigarette, mais qui ne manqueraient pas l'occasion de se donner de l'importance, vont, eux aussi, voter à la façon des petites filles.

Ce sont les auxiliaires les plus précieux des peintres comme MM. Boulanger, Tony-Robert-Fleury, Bouguereau et autres qui trouvent avec leur Académie le moyen de gagner 20,000 fr. par an et de pouvoir compter sur un nombre de voix suffisantes pour assurer leur élection.

C'est habile, mais c'est au détriment d'un art qui tombe de plus en plus sous les coups répétés que lui portent ceux qui en sont les pontifes — j'allais dire les poncifs !

Il est évident que ces mêmes peintres font passer de préférence les *pannes* de leurs élèves, tant

mieux s'il reste de la place pour les autres, pour
ceux qu'une réelle vocation pousse à faire de la
peinture, mais qui sont trop pauvres pour fréquenter une Académie.

On compte en moyenne *quinze cents* élèves ré-
partis dans les Académies dans lesquelles profes-
sent la majorité des membres du jury ; il y a en
outre à divers titres environ *neuf cents exempts*,
et il a été reçu au Salon de 1888, DEUX MILLE CINQ
CENT QUATRE-VINGT-SIX toiles, cela fait donc à
peu près CENT QUATRE-VINGT-SIX exposants en dehors de la coterie.

Cela suffit pour démontrer et expliquer combien
les peintres de valeur ont raison de protester
contre un refus systématique d'*une* toile sur *deux*
présentées au jury.

Il n'y a pas de place pour la bonne peinture.

Un exemple frappant qu'il faut passer par une
école pour être admis au Salon.

Un peintre d'un certain talent, élève de lui-
même, ce qui est une gloire, se voyait refusé ; il
imagina d'aller à l'Académie Jullian, et, pendant
trois mois, il eut le courage de travailler, avec des
moutards, comme un simple rapin, de dessiner

des nez, bref de commencer comme s'il ne savait rien, et sa peinture se vendait!

L'année suivante, il exposa et obtint une médaille; est-ce à trois mois passés à faire des exercices de l'école mutuelle qu'il dut cette distinction?

Non! c'est parce que, en dehors de son talent, il pouvait mettre sur sa notice : élève de M. Bouguereau, ou d'un autre.

Il avait courbé la tête sous la tradition; de là son bon point.

Cela sert aussi à autre chose d'être l'élève d'un membre du jury.

Je cite un exemple:

Un peintre bien connu, que je ne veux pas nommer, reçut un jour la commande d'un portrait d'un entrepreneur. Le prix fut fixé à 3,000 francs, je crois, mais l'entrepreneur malin, vaniteux, orgueilleux, fit un contrat avec le peintre; il y avait cet article:

— Le prix de mon portrait est fixé à trois mille francs à la condition expresse qu'il sera reçu au Salon : je verse la somme de mille francs ; si mon portrait n'était pas reçu, cette somme constituerait

le prix du portrait; au cas contraire le jour de
l'ouverture du Salon je verserai les deux mille
francs restant pour parfaire le prix de trois mille.

Le portrait fut présenté et refusé.

Le peintre désolé alla aussitôt trouver un des
membres du jury et lui exposa son cas.

— *Repêchez*-moi, lui dit-il, ou je perds deux
mille francs.

Et voilà comment on peut voir, à la place d'honneur, dans le salon de l'entrepreneur de démo-
litions, un portrait avec cette mention bien apparente :

*Salon de 18..*

Nº ....

Peint par Z...(Paul).

Ce n'est pas M. Bouguereau qui aurait jamais
osé prêter la main à un pareil tripotage !

D'où vient la décadence du Salon ?

Le Salon, d'après M. de Vuillefroy, se compose
de trois catégories de peintres bien distinctes :
*ceux qui briguent des médailles, ceux qui n'en ont
plus à espérer et les indépendants.*

De ces trois catégories, la première est de beaucoup la plus importante.

En effet, les peintres qui n'ont plus rien à attendre du Salon se soucient peu d'y exposer, attirés qu'ils sont par les expositions particulières où leurs toiles sont plus en valeur.

Pour les indépendants, c'est une autre affaire ; leur admission au Salon dépendant du jury, ils exposent peu, car le jury n'est pas tendre pour les novateurs.

Il ne faut pas s'arrêter aux membres du jury, qui sont de zélés exposants.

C'est pour ces raisons que le Salon manque totalement d'intérêt et ensuite parce que la majorité des exposants, les peintres qui briguent des médailles, font de *la peinture à médaille.*

Qu'est-ce que la peinture à médaille ?

Celle qui plaît le plus à la majorité des membres du jury, aux professeurs de l'école et aux professeurs de l'Académie Jullian.

Entre la majorité des exposants et la majorité des membres du jury il y a des liens réciproques que nul ne peut nier ; la majorité des exposants, jeunes hommes qui se sont mis dans la peinture, parce qu'ils ont entendu dire qu'on y gagnait de l'argent et, imbus du même esprit de discipline que des candidats aux fonctions administratives, n'éprouvent aucune répugnance à travailler dans le genre qui leur vaudra des récompenses.

Entrés dans l'art par la voie officielle de l'école, il est naturel qu'ils se préoccupent d'en conquérir les grades, *bénéfices promis à l'application*. Un peintre sortant de l'école ambitionne d'arriver un jour à la situation de M. Bouguereau ou de M. Cabanel, c'est légitime.

Un groupe de peintres de valeur, parmi lesquels je peux citer MM. René de Gatines et José Frappa, ont essayé d'engager une campagne contre l'inamovibilité du jury actuel, ils demandaient un renouvellement quelconque du jury, soit que les membres fussent tirés au sort parmi la liste des peintres hors concours, soit qu'une moitié seulement fût renouvelée par l'élection.

A qui demandaient-ils cela ?

A l'assemblée générale des adhérents de la Société des artistes français, dont la majorité est composée des élèves des membres du jury !

Ils ne pouvaient rien obtenir et ne furent pas

réélus membres du comité des 90 ; pourtant ils n'étaient pas candidats par ambition pour eux, cela ne rehaussait pas leur mérite d'artistes, mais si leurs noms étaient sortis de l'urne, c'était une rupture avec la routine actuelle, qui conduira certainement, à bref délai, l'art pictural à sa perte.

Il faut attribuer aussi la dégénérescence du Salon, d'année en année, au système des récompenses qui est la conséquence du jury inamovible.

Une troisième médaille rend le peintre *exempt*.

Une autre le met *hors concours*.

Alors le peintre est coté et le jury est *forcé* de recevoir les envois des *exempts* et des *hors concours*.

Il y a en ce moment TROIS CENT. QUATRE-VINGT-ONZE peintres *hors concours ;* il y en a autant, sinon plus, qui sont *exempts :* d'ici quelques années, avec le système de népotisme en vigueur, il n'y aura plus de place au Salon que pour les peintres, élèves des membres du jury et médaillés par eux.

C'est dommage qu'on n'autorise pas les peintres à porter leurs médailles, comme les commissionnaires, avec le nom de leurs professeurs en exergue. Cela viendra peut-être.

Enfin, le 1er mai, le Salon ouvre ses portes au public, mais la veille, il y a la cérémonie du vernissage.

Que d'intrigues, que de bassesses sont commises pour obtenir une invitation, afin d'étaler sa toilette et de pouvoir dire aux amis : j'ai été invité au vernissage !

— Monsieur Vigneron, s'il vous plaît, dit une femme à un employé de l'administration.

— Monsieur Vigneron est là.

Dans le cabinet du grand dispensateur des faveurs administratives.

— Que désirez-vous, madame ?

— Je voudrais une invitation pour le vernissage.

— A quel titre.

— Je suis la nièce de la sœur du concierge de M. Bouguereau.

— Avec plaisir, madame.

Et voilà pourquoi, à côté des gens qui auraient droit à cette faveur et qui en sont privés, on voit, le jour du vernissage, tant d'imbéciles, qui vont non pour *voir*, mais se *faire* voir.

C'est une cohue de rastaquouères de tous poils

et de toutes couleurs, de filles en renom, horizon-
tales de marques ; l'administration de la Société
des artistes français complète admirablement les
membres du jury.

Faveur, faveur, et encore faveur !

Toi, crétin, qui travaille dans une mansarde, au
sixième étage, bûchant du matin au soir, sans feu
l'hiver et rôtissant l'été, sans pain, faisant des prodiges de valeur pour obtenir un cadre du marchand de couleurs ; toi qui endures stoïquement
des privations de toute nature pour *arriver*, jette
tes pinceaux et ta palette au feu, tu ne seras
jamais rien.

Tu es sans le sou : hors de l'école, pas de salut !

A la fin de mai, le Salon ferme pour quelques
jours ; pendant ce temps, le vote des médailles a
lieu et il est procédé à un nouveau classement de
tableaux, c'est encore un moyen pour donner
satisfaction à des protégés, à des recommandés,
qui se sont plaints de n'être pas assez en vue.

C'est une nouvelle série, mais toujours le même
bazar.

Puis viennent les intrigues pour la grande médaille ; toutes les passions sont en jeu, toutes les rivalités éclosent au grand jour ; le favorisé est envié, congratulé, mais des lèvres seulement, car l'amertume est au cœur des évincés.

En 1881, M. Cabanel croyait avoir la médaille, il était auprès de l'urne, la couvant avec tendresse, d'un regard à faire éclore des poulets, tout le monde le pensait aussi, on le félicitait, c'était à n'en plus finir :

— Mon cher ami, par ci, mon cher ami, par là.

— Cela vous était bien dû, un talent comme le vôtre.

— Ce n'est pas du talent, c'est du génie qu'il faut dire, faisait un troisième.

Vint à passer M. Harpignies : aussitôt M. Cabanel lui sourit gracieusement, se préparant à recevoir force compliments.

M. Harpignies s'avança, tendit la main à M. Cabanel et lui dit :

— Ah ! je suis bien heureux...

— Merci, mon ami, n'achevez pas.

— Si, je viens de voir de la bien bonne peinture.

— N'est-ce pas que ce sera une distinction méritée ?

— Oh ! oui, cette peinture réjouit l'âme, elle réconforte l'artiste, et je suis bien heureux.

— Pourquoi ?

— Parce que je viens de revoir mes paysages.

Tête de M. Cabanel qui n'eut pas la médaille, et le quiproquo était d'autant plus cocasse que M. Harpignies était exposé à côté de son « ami » Cabanel.

VI

# VI

Les Impressionnistes. — Les fignoleurs. — Manet. — Sisley.— Pissaro. — Signac.— Seurat. — Herman.— Blanc. — Alfred Le Petit. — M^me^ Berriat. — Blanc. — La suppression du jury.—Prenez garde à la peinture.

De tous temps, dans tous les arts, dans la littérature, dans le commerce même, il s'est trouvé des malins qui ont inventé un mot, exploité un titre heureux qu'ils ont arrangé à leur manière — les mots ou les titres employés dans l'art, ne devraient aux yeux des gens du métier n'avoir aucun sens. En effet, pourquoi essayer de créer des catégories dans la peinture ?

La peinture est un art conventionnel avant tout, et qui, forcément, doit procéder par les mêmes moyens.

La tentation de sortir du convenu est louable, mais il est impossible de faire la nature autrement que le peintre ne l'aperçoit.

Il y a dans le sujet qui m'occupe une question

d'éducation à faire — le meilleur artiste sera toujours celui qui donnera à ses œuvres l'apparence de la réalité, apparence que jusqu'ici personne n'a pu obtenir.

La peinture ne doit pas être seulement une amusette, elle a un rôle assez grand dans l'histoire des peuples pour qu'on ne lui assigne pas de limites. A ce point de vue là tous les efforts doivent être considérés, et l'école des *Impressionnistes* doit être aussi bien accueillie que celle des *fignoleurs*.

J'ai prononcé le mot : éducation, il faut le justifier par des faits certains, indiscutables : Prenez un paysan, montrez-lui une étude, un coin de son champ, un arbre de son jardin, objets qu'il a constamment sous les yeux, il ne les reconnaîtra pas lorsqu'ils seront fixés sur la toile, quatre-vingt-dix-neuf fois sur cent.

Pourquoi ?

Pour une raison bien simple ; le paysan ne peut voir un objet qui l'intéresse, que pendant le travail que cet objet lui procure, et les autres lui échappent complètement ; l'habitude de les voir partiellement l'empêche de les étudier.

Le public ne peut pas voir les champs comme

le paysan les voit et il juge de la végétation à sa manière et suivant le milieu dans lequel il vit ; pourtant cette végétation change avec les latitudes, celle des contrées du midi ne ressemble en rien à celle du nord, et la campagne des environs de Paris ne peut être mise en parallèle avec celle de Fontainebleau.

Les couleurs violentes qu'emploient les maîtres de l'école impressionniste sont justifiées, elles ont leurs raisons d'être. Les peintres de talent comme Manet, Sisley, Pissaro, Signac, Seurat, Herman-Blanc, Alfred Le Petit, M<sup>me</sup> Berriat-Blanc, ne laissent rien à la fantaisie : le sujet leur importe peu, il n'est pas toujours plaisant aux yeux, mais il est certainement exact.

Une meule de blé a son mérite et son intérêt peinte par ces artistes-là : leurs pinceaux rendent toujours dans les objets les plus simples un effet vrai et vu ; le détail leur nuirait, et ils le négligent avec intention. Ils s'inspirent d'un mouvement de la nature et essayent de la saisir sur le vif ; de là le mot : Impression.

Le moyen employé importe peu, le résultat obtenu est tout.

La doctrine est celle-ci :

Fermez les yeux pendant quelques instants, puis, ensuite, rouvrez-les brusquement ; si vous êtes à la campagne, je suppose que vous voyez un paysan ; ce qui frappe d'abord l'œil, c'est la tache bleue de la blouse, et le ton jaunâtre du pantalon, le tout *non sans forme*, sans dessin arrêté, mais le tout noyé dans l'atmosphère, indiquant les rondeurs du corps, les mouvements de terrain, donnant en un mot l'impression de la nature, et non point sa peinture qui ne peut jamais être exacte ; si l'on veut pousser les seconds plans et même les troisièmes et quatrièmes, comme dans les maîtres plus haut cités, ce qui est complètement faux, car, à mesure que les plans sont éloignés de l'œil, de même qu'ils perdent de grandeur, ils perdent aussi de couleur et deviennent de plus en plus flous.

Il ne faut rien prendre au pied de la lettre, car il est évident que, si dans un paysage on voit le soleil se coucher sur une montagne et que celle-ci soit complètement éclairée, l'impression du premier plan est complètement sacrifiée, et c'est le second plan qui devient le premier, c'est-à-dire le clou, ou la cheville du tableau.

Les Impressionnistes, Manet, Monet, Pissaro, Seurat, Signac, etc., etc., ont fait faire à l'art un pas incontestable; dans l'école ancienne, surtout chez les maîtres des XVI$^e$ et XVII$^o$ siècles, Wouvermans, Cuyp, Ruysdael, les personnages même du second plan sont dessinés d'une manière très serrée, arbres, chevaux et cavaliers; tout est détaillé comme le premier plan d'une photographie.

Ce qui, prétendent les Impressionnistes, et peut-être non sans raison, est contraire à la vérité et par conséquent à l'art qui ne doit être que la reproduction de la nature.

On doit tenir compte aux Impressionnistes de la hardiesse et de la justesse de leur coloris. Ils ont commencé à peindre comme tout le monde. ils auraient pu continuer à mettre sous les yeux des amateurs, des arbres, dont on peut compter les feuilles, et des plages, dont on pourrait compter les galets; ils se sont aperçus de l'erreur commise et ont brisé avec la tradition, on les combat, et un jour on les glorifiera parce qu'ils auront donné à l'art pictural un essor nouveau.

Faut-il conclure que tous les Impressionnistes soient fameux? Non! Autour des noms cités plus haut, se sont groupés des sous-multiples, sans vues, sans but, sans talent. Ils ont cru qu'il s'agissait de mettre des couleurs franches, de supprimer la forme, de faire lourd et sans air pour se dire Impressionnistes, ils ont emboîté le pas avec de trop petites jambes et porté un coup à cette grande école de laquelle sortira, dans des temps éloignés peut-être, la sincérité et l'exactitude.

La première exposition des Impressionnistes eut lieu en 1874, chez Nadar; la deuxième en 1876, chez Durand Rull; la troisième en 1877; depuis 1879 les expositions se font régulièrement. Aujourd'hui elles ont lieu dans le pavillon de la ville de Paris, de mars à mai généralement, le salon officiel ouvrant ses portes le 1er mai.

La société basée sur la suppression des jurys d'admission a pour but de permettre aux artistes de présenter librement leurs œuvres au jugement du public.

Cette innovation est excellente, mais elle présente un grand danger, car, pour quelques œuvres qui valent la peine d'être examinées, et qui peuvent attirer l'attention des amateurs sur des promesses de talent, plusieurs centaines sont présentées et exposées annuellement, sans profit pour l'art, et, malgré l'indulgence du public pour les « jeunes » c'est un immense éclat de rire et quelquefois le dégoût a le dessus ; le public s'arrête épouvanté devant certaines horreurs, et son jugement sur les bonnes toiles s'en ressent.

On devrait mettre dans une seule salle toutes les croûtes de ces peintres d'occasion, et sur la porte, cet écriteau :

Prenez garde à la peinture.

# VII

# VII



A quoi servent les critiques d'art?

C'est au public et aux artistes de répondre à cette question.

Les artistes! mais ils les détestent et les méprisent.

Sauf l'article louangeur destiné à l'un d'eux, ils ne les lisent généralement que pour se repaître du mal qu'on dit de leurs confrères.

Au fond la critique leur a-t-elle jamais rien appris?

Sans doute Diderot qui était un critique affirmatif et enthousiaste, Diderot qu'on pourrait appeler : *le médecin Tant-mieux* de l'art, a pu exciter, ranimer, encourager des artistes tels que Greuze, Chardin et amener l'école de David, Prud'hon, Géricault, puis la grande pléiade des Ingres, Eugène Delacroix, Léopold Robert, Paul Delaroche et les paysagistes J. Dupré, Rousseau, Corot, etc., etc., mais par quels moyens ?

Par l'enthousiasme, par la constatation du beau, par l'intelligence de l'immense travail qui fait l'artiste, et non par la critique proprement dite qui ose s'attaquer au procédé, à la touche, à la manière, choses qui ne regardent que les artistes et que les critiques ne comprennent pas.

Aussi, plus un juge de l'art est connaisseur, plus il est indulgent, car il sait apprécier les immenses difficultés du métier, difficultés sur lesquelles il faut avoir passé et avoir su s'élever pour devenir un artiste.

Qu'est devenue la critique d'art de nos jours.

Exercée par une foule d'ignorants qui s'en font un tremplin commode pour leurs sauts de carpes, elle s'attaque non seulement au sujet ou à l'expression, qui, seuls, la regardent, mais encore à la technique, au dessin, à la couleur du *faire* qui ne la regardent point.

Littérature commode qui n'exige aucune invention, aucune idée, qui brode sur un canevas déjà dessiné, et se contente d'une phraséologie çà et là glanée dans les ateliers ou dans les cafés artistiques.

Cela permet à ces barbouilleurs de papier de se faire *offrir* quelques esquisses, voire mieux quelques tableaux par de naïfs artistes qui ont besoin ou croient avoir besoin de réclame pour se produire et se faire remarquer.

Tel romancier ou feuilletoniste qui n'a pas une idée du grand art, de l'esthétique ou des grandes collections, qui ignore les maîtres, écrit un *Salon* uniquement pour faire des mots aux dépens d'austères artistes qui ont cherché et plus ou moins trouvé leur idéal.

Tel journaliste, impuissant et filandreux, énumère et estime les tableaux comme un marchand de lorgnettes ou de bric-à-brac, selon la valeur du cadre, la notoriété de l'artiste et la *cote* dont il jouit sur la place, mais sans se douter qu'il touche à l'arche sainte qui devrait lui rester interdite.

A différentes époques, les Gustave Planche, les

Pelloquet, les Champfleury, les Paul de Saint-Victor, les Rousseau, les Th. Silvestre, les Thoré, les Castagnary ont compris et encouragé les novateurs de notre temps : Delacroix, Corot, Courbet, et inventé *l'école Réaliste, Impressionniste,* ou *l'école du plein air,* comme si Claude Lorrain, Rembrandt, Ruysdaël, les frères Lemaire, Valentin et autres n'avaient fait autre chose que de prendre sur le fait la nature, l'air et la lumière.

Mais, dira-t-on, la critique d'art est faite pour expliquer l'art à la foule, comme le pitre fait le boniment d'un musée de figures de cire.

Je crois cette œuvre bien inutile, car l'art, le véritable, touche le profane par la vérité même, par le souvenir qu'il lui rappelle des belles choses du monde extérieur.

Une simple indication pour les tableaux d'histoire ou de genre, le nom d'une contrée pour désigner un paysage, le nom d'un personnage mythologique pour expliquer une œuvre de statuaire académique, cela suffit.

Si le critique d'art veut se plonger dans le mystère de l'esthétique, il ennuie le lecteur et exaspère l'artiste.

Comme le beau Narcisse, il peut admirer tout seul ses périodes, mais il ne les fera apprécier sérieusement ni des uns ni des autres.

S'il se borne à des énumérations assez complètes pour n'oublier aucun de ses amis, aucune de ses relations proches ou lointaines, il mécontentera tout le monde et ne rendra service à personne.

— Si vous allez au Salon, lui dit-on, n'oubliez pas le n° 10,700, une nature morte, une toile délicieuse, des carottes et un morceau de fromage !

C'est vivant !

Je n'ai pas besoin de vous dire que c'est ma nièce, une jeune fille pleine d'avenir.

Et le critique, qui ne réussit pas à découvrir la petite toile qui plane au-dessus de la cimaise, dans la pénombre des frises, ne manque pas d'écrire dans son prochain article :

« M^llc X... a étonné le public par une vraie révélation, c'est parfait de couleur, admirable de dessin, son fromage pleure, ses carottes resplendissent, c'est un talent avec lequel il faudra compter dans l'avenir; pour ma part, je n'hésite pas à affir

mer qu'elle surpassera Madeleine Lemaire, la célèbre peintre de fleurs.

La petite est abonnée au *Lynx-Express* qui se
charge de faire parvenir aux artistes les articles
qui les concernent : elle attend avec une impa-
tience de commande que la poste lui apporte sa
coupure, puis, ostensiblement, elle étale la fiche
du *Lynx-Express* sur la table du salon paternel,
et quand vient un visiteur elle dit négligemment :

— Vous ne connaîtriez pas l'adresse de ce journaliste, afin que je lui envoie ma carte ?

Le critique incorruptible ne manque pas de
venir le soir même quêter un bon dîner, qu'on lui
offre du reste gracieusement; il a par-dessus le
marché un sourire de l'artiste : c'est la récompense en même temps que la punition des critiques d'art. Leurs oublis deviennent des crimes
impardonnables et leurs appréciations, si plates
soient-elles, paraissent toujours insuffisantes.

Les pauvres gens !

Il faut reconnaître aussi que leur tâche est abo-
minable, et c'est la fauté des expositions. Autant
un tableau charme la vue dans l'atelier d'un artiste, à côté de deux ou trois de ses pareils, autant

il paraît insipide au milieu du chatoiement de quelques milliers de toiles..

C'est comme une jeune fille qui va partir pour le bal, toute parée : dans son boudoir, c'est une apparition délicieuse, un bijou, mais une fois au bal, au milieu de la foule des autres jeunes filles, comme elle a changé, comme la comparaison la fait descendre de son piédestal !

Et puis y a-t-il rien d'assommant, de fatigant comme la vue simultanée de tant d'œuvres, dont chacune a peut-être une valeur réelle, isolément, mais qui se nuisent les unes aux autres.

A la sotte institution des expositions, foire à la vanité, répond l'institution plus sotte encore des critiques d'art.

C'est fatal.

Si les critiques d'art étaient au moins convaincus, justes, ne sacrifiant qu'à la camaraderie et jamais à la vénalité, on pourrait leur pardonner, c'est un métier comme celui de ressemeler des bottes, plus facile, toutefois, car on peut l'exercer sans apprentissage, mais au genre laudatif et laxatif ils joignent le genre agressif.

M. Vassili Vereschagin, qui ne veut plus expo-

ser en France parce que les expositions *coûtent
trop cher*, exposa néanmoins récemment à Paris;
il tenait à ce que les journaux parlassent de ses
œuvres, moins pour lui que pour ses compatriotes,
car M. Vereschagin est Russe, et comme pour
tous les pays du monde, surtout pour la Russie,
Paris est la consécration de tous les talents et la
pierre angulaire de toute réputation, il alla donc
trouver les critiques d'art des trois plus grands
journaux parisiens.

AU PREMIER JOURNAL :

*Le Critique.* — Vous voulez qu'on parle de vos
œuvres; on m'en a dit beaucoup de bien.

*Le Peintre.* — Oui, cela me ferait plaisir.

*Le Critique.* — Eh bien ?...

Silence du peintre.

Le critique tournait ses pouces, il attendait.

*Le Critique.* — Nous sommes disposés à vous
être agréable, reprit-il, la Russie est l'amie de la
France.

Nouveau silence.

Le peintre qui n'avait pas voulu comprendre,
s'en alla et le journaliste, critique d'art intègre, ne

lui consacra dans son journal, que quelques lignes et encore, parce que cette feuille qui, se prétend la mieux informée de Paris, ne voulut pas avoir l'air de passer sous silence, l'exposition de M. Vereschagin, qui fit courir tout Paris.

— Mais pourquoi, lui dit un ami, n'avez-vous eu que quelques misérables lignes de tel journal.

— Ah ! répondit M. Vereschagin, moi et le critique d'art nous étions séparés de l'épaisseur d'une toile.

Au deuxième journal. — De celui-là, cela surprendra moins que pour le premier, son rédacteur en chef est connu pour pratiquer le brocantage sur une grande échelle, cette habitude tient à sa religion.

*Le Critique.* — Vous désirez de la publicité, vous savez que notre journal *tire* beaucoup, qu'il est lu par les gens du monde, une clientèle riche, qui achète de la peinture.

*Le Peintre.* — Parfaitement, aussi est-ce pour cette raison que je désire être apprécié de vous.

*Le Critique.* — Je ne demande pas mieux, mais mon rédacteur en chef est grand admirateur de votre talent et je ne puis rien faire si vous ne lui donnez préalablement un petit tableau comme souvenir.

*Le Peintre*. — Et à vous ?

*Le Critique*. — Oh! moi, je ne tiens pas à ce qu'il soit aussi grand : d'ailleurs, les petits tableaux entretiennent l'amitié.

Silence; le peintre réfléchissait et le critique attendait.

Le peintre s'en alla, sans répondre, cela augmentait, cette fois, l'épaisseur de deux toiles les séparait.


Au troisième journal. — Connu dans le monde pour insérer gratuitement les réunions de cocottes et de femmes du monde.

*Le Critique*. — Vous désirez un article. (Voir plus haut.)

*Le Peintre*. — J'avais en effet pensé, que pour un journal qui a des prétentions littéraires, il était intéressant qu'il suivît le mouvement artistique, l'art et la littérature marchant de pair, généralement.

*Le Critique*. — Vous croyez à l'art, bien, mais

vous vendez vos toiles ; par qui les vendez-vous ?
Par notre publicité, or, notre journal coûte à
M. XXX... un million par an.

*Le Peintre.* — Mais, vous monsieur, vous êtes
critique d'art et il me semble que la question
d'argent doit vous être indifférente.....

Silence et fuite du peintre.

Si ces journaux gardèrent le silence sur M. Vereschagin, on put remarquer, qu'en revanche, il
y eut un concert unanime d'éloges pour le peintre
Van Beers, malgré sa fâcheuse aventure ; les
feuilles qui furent les plus dithyrambiques furent
le *Figaro*, le *Gaulois* et le *Gil-Blas*.

La synthèse de l'art pour le critique, c'est l'argent, ou une toile ou la vie, parce qu'une toile
c'est de l'argent !

# VIII

# VIII



Henri II établit en quelques villes des *maîtres-priseurs*, vendeurs de meubles, par l'édit suivant :

« Voulons et ordonnons que lesdits maîtres-priseurs vendeurs ne s'établissent pas eux-mêmes à l'état de fripiers, regrattiers ou revendeurs, soit par eux, leurs femmes ou autres personnes interposées de quelque manière que ce soit, ni semblant acheter ou faire acheter pour eux, aucuns meubles, dont ils feront la vente sous peine de privation de leurs offices, d'amende arbitraire envers nous et même de peines corporelles à discrétion de justice. »

Ces nouvelles charges ne trouvèrent pas d'acquéreur et un édit royal les réunit, en mars 1576, à celles des sergents royaux, pour ne faire à l'avenir qu'un seul et même corps.

On voit combien était sage l'édit de Henri II. — Défense absolue aux vendeurs d'avoir aucune participation dans les bénéfices des objets soumis à la vente, ni par eux, directement, ni indirectement — cela était la sauvegarde des intéressés, qu'ils fussent vendus de par justice ou de leur plein gré.

Cependant, par tous les moyens possibles, les vendeurs-priseurs cherchèrent à étendre les clauses si nettes de leur fondation ; plusieurs édits furent rendus, en février 1691, 1771, 1775 et 15 novembre 1778, pour les rappeler à l'ordre. La loi du 22 pluviôse an VII ordonna contre les délinquants une amende de 50 à 1000 francs.

Un arrêté consulaire du 19 germinal an IX établit une chambre syndicale des commissaires-priseurs, détermine son organisation, sa discipline, sa police et la fondation d'une bourse commune. Enfin la loi du 18 juin 1843 a arrêté définitivement le *modus vivendi* des commissaires-priseurs, aussi bien entre eux qu'envers les tiers.

En entrant dans l'Hôtel des Ventes, rue Drouot, la première chose qui frappe les yeux est une affiche ainsi conçue :

HOTEL DES VENTES MOBILIÈRES

Le public est prévenu que la compagnie des commissaires-priseurs n'a pas et ne reconnaît pas d'intermédiaires.

Toute personne, voulant faire une vente mobilière, doit s'adresser directement à l'étude d'un commissaire-priseur.

Henri II est loin, et malgré les sages prescriptions de son édit et l'affiche apposée à l'Hôtel des Ventes, la compagnie des commissaires-priseurs, ne vit que *par* et on pourrait dire *pour* les intermédiaires.

Tout y est : *courtage, brocantage* et *regrattage*.

Le *regrattier* n'est pas mort ; depuis le monsieur, quelquefois très haut coté dans le monde parisien, qui cherche pour les Rothschild une pièce du service de Henri II, jusqu'à la vieille marchande à la toilette qui guette deux mètres de velours pour rafistoler une robe de chambre, tout est *courtage* et tous sont *courtiers*.

Le commissaire-priseur, violant le devoir pro-
fessionnel, s'adjuge les tableaux et les objets d'art
qui lui semblent avoir une valeur supérieure au
prix des enchères, encore heureux, quand au détriment du vendeur, il n'en fausse pas le prix en
l'adjugeant trop vite, ou l'adjuge à son expert, ce
qui revient absolument au même.

A ce propos, il serait plus juste de dire le commissaire-priseur d'un expert, que l'expert d'un
commissaire-priseur; chacun a le sien, et ce sont
ces messieurs qui, par leurs courtiers et souvent
par eux-mêmes, vont visiter la clientèle, la solli-
citer, recevoir les objets, les estimer toujours à
leur profit, c'est-à-dire au prix auquel ils désire-
raient s'en rendre acquéreurs, préparent le catalogue, s'entendent avec la presse, en un mot, organisent et font la vente.

A ce propos nous devons noter que le roi des
commissaires-priseurs, M. Ch. Pillet, après avoir
gagné plusieurs millions et avoir versé à la bourse
commune des sommes énormes est mort sans
laisser un sou, à force d'acheter et de vendre pour
son compte les toiles et les objets d'art qui tombaient sous son marteau.

Très connaisseur, très fin, de très bon conseil, lorsqu'il agissait pour le compte d'autrui, il s'emballait complètement lorsque son intérêt personnel était en jeu.

Ingres fit partie de la cour du roi Louis-Philippe; il fut même l'un des professeurs de la princesse Marie d'Orléans, laquelle, aidée des conseils de son célèbre maître, conçut l'idée de la statue de Jeanne d'Arc.

Paul Delaroche, aussi, fut un des familiers du palais et son tableau *la Mort du duc de Guise* lui fut, sinon officiellement commandé, au moins inspiré par l'esprit des d'Orléans, détestant leurs ancêtres, qu'ils s'appelassent Bourbons ou Valois.

Sous l'empire, lorsque la Chambre des députés eut voté la loi de spoliation, à la suite de laquelle le duc de Morny envoya à l'empereur sa démission de président de la Chambre, les tableaux de Ingres et de Paul Delaroche furent vendus comme tous les meubles et immeubles, au plus offrant et dernier enchérisseur.

Pillet dirigeait la vente. Après avoir vendu des vases de Sèvres, des émaux, des armes, des tapisseries, à un prix très élevé, il annonça la mise en vente de *Stratonice*, de Ingres, et en demanda cinquante mille francs.

Aussitôt les enchères commencèrent : soixante, quatre-vingt, cent, cent dix, cent vingt, cent trente. Bref, elles atteignirent en quelques instants le chiffre de cent cinquante mille francs.

— Messieurs, ajouta Pillet, je viens d'entendre cent soixante-quinze mille ; si personne ne dit mot, j'adjuge : une fois !... cent quatre-vingt mille, deux cent mille ; deux fois !... deux cent quinze mille ; personne ne dit rien : une fois, deux fois, trois fois !... Adjugé. Le marteau d'ivoire tomba sur la table.

De tous les points de la salle on cria : « Le nom de l'acheteur ? le nom de l'acheteur ? »

Quoique impassible en apparence, Pillet, après que le silence fut rétabli, dit lentement, en scandant ses paroles : Monseigneur le duc d'Aumale !

De toutes parts éclatèrent des bravos frénétiques, des hurrahs à faire crouler la salle.

Le duc d'Aumale venait de reprendre son bien et enlevait la *Stratonice* au russe Narischkine, qui était son seul concurrent sérieux.

La *Mort du duc de Guise* fut moins disputée ;

les uns disent que l'œuvre est supérieure à celle de Ingres, les autres le contraire. Je raconte, je ne juge pas.

Ce fut le plus joli coup de marteau de Pillet pendant sa carrière à Paris.

Les commissaires-priseurs versent cinquante pour cent à la bourse commune. Dans quelle proportion l'expert et le commissaire-priseur partagent-ils l'argent ensemble ?

Nul ne peut le dire, c'est le secret de l'Hôtel des Ventes.

Ah ! il n'y a pas que celui-là, de secret, à l'Hôtel des Ventes, le secret du truquage est plus considérable.

Avant d'entrer dans les détails concernant le truquage des marchands, il est nécessaire d'indiquer ce qu'en terme de métier on appelle les *ficelles*.

Les peintres les plus célèbres ne les dédaignent pas ; les moyens pour simplifier le travail ou avoir un effet que le pinceau ne peut obtenir sont multipliés à l'infini.

Un peintre, fameux par ses natures mortes,

ayant un jour à peindre une serviette sur laquelle s'étalaient des instruments de cuisine, ne pouvait arriver à donner à l'étoffe le quadrillage que produit la trame.

Voici le truc qu'il imagina :

Après avoir peint dans le ton général de l'étoffe il appliqua sur la peinture fraîche une serviette naturelle, puis il la retira; il eut ainsi l'épreuve tant désirée, et amateurs et connaisseurs s'extasiaient devant la merveilleuse exactitude de l'étoffe.

Tous les moyens sont bons.

Un tableau qui est au musée du Luxembourg représente un atelier de fondeurs; l'un des ouvriers est en blouse blanche. Le peintre, pour obtenir le ton particulier à cette sorte de vêtement, se servit d'un procédé contraire au précédent : il gratta la peinture de façon à laisser apparaître la trame de la toile sur laquelle était peinte son sujet.

La photographie vient souvent en aide aux peintres, — à de certains, s'entend. — Des discussions se sont engagées au sujet de certaines œuvres célèbres, peintes, au dire de beaucoup, sur la photographie même ; on cite à ce sujet un petit tableau d'un peintre militaire très connu, lequel représente un épisode du siège de Paris. Je ne le nomme pas.

Une autre catégorie de peintres, mais d'un ordre inférieur, peint aussi sur des images imprimées ; les chomo-lithographies servent généralement à ce genre de filouterie. Le peintre trouvant une scène agréable, un sujet tout fait, se contente de repasser la couleur à l'huile sur les tons donnés par l'impression et le tour est joué.

Les peintres de portrait se servent aussi d'un moyen qui simplifie leur tâche et leur permet d'obtenir une ressemblance parfaite.

— Vous voulez, madame, faire faire votre portrait ?

— Allez chez X..., dont la réputation de portraitiste est universelle. Pendant que le peintre vous donnera la pose, si vous pouvez regarder dans certain petit coin, vous apercevrez un trou par lequel passe l'objectif d'un appareil de photographie ; on prend un cliché positif sur verre, et, à l'aide d'un instrument dans le genre d'une lanterne magique, on agrandit dans les proportions voulues votre portrait sur la toile, — on dessine et on peint. — Vous serez ressemblante !

Peut-être ces sortes de moyens arriveront-ils à faire créer un laboratoire municipal de la peinture ?

En tous cas, la fraude se fera toujours et nul ne pourra même officiellement empêcher ces sortes de fumisteries déshonnêtes dans lesquelles l'art entre pour si peu.

Le truquage des marchands de tableaux a un champ plus vaste encore. Un livre entier serait insuffisant pour indiquer les moyens ingénieux employés par ces peu honorables commerçants pour voler et exploiter amateurs et artistes; je ne puis citer que les plus curieux.

La quantité de faux tableaux attribués aux peintres dont le nom figure au bas est inimaginable.

C'est par charretées que l'on compte les Corot, les Daubigny, etc., etc. Certains marchands de tableaux ont fait une fortune raisonnable en vendant ces derniers, et il existe à Levallois-Perret une usine qui suffit à peine aux demandes des Corot et des Daubigny.

Il est inutile d'indiquer les moyens employés pour fabriquer ces faux tableaux, les termes de métier.ne sont pas amusants, mais je puis donner un aperçu des bénéfices révoltants que les marchands se procurent à l'aide de ce procédé.

Lors de l'exposition récente du peintre Millet, on fit appel à tous les amateurs possédant des tableaux du célèbre artiste et portant sa signature. L'un d'eux avait été peint par un nommé Valton, qui l'avait jadis vendu 300 francs à un marchand de tableaux bien connu ; ce marchand l'avait revendu à M. Alexandre Dumas fils pour la somme de 1,400 francs.

On se souvient encore du bruit qui se fit autour d'un peintre médiocre qui eut un procès avec le même académicien au sujet d'un tableau signé Corot, et qui n'était rien de plus qu'un Trouillebert.

M. Alexandre Dumas a plus de chance comme auteur dramatique que comme connaisseur. Le tableau en question lui avait été vendu par les frères Tedesco. Experts et amateurs étaient entièrement divisés ; la discorde était au camp d'Agramont.

Les frères Tedesco soutenaient *mordicus* que le tableau était authentique; en cela ils étaient approuvés par M. Alexandre Dumas fils, qui prétendait que la toile était une des plus belles œuvres du peintre Corot.

M. Albert Wolff disait :

— Ça, un Corot ! jamais de la vie.

M. Henri Rochefort, aussi fort en peinture qu'en politique, affirmait qu'il croyait que c'était un Corot, mais ajoutait-il, en admettant qu'il n'en soit pas, il est aussi beau que si le maître l'avait peint, et s'il revenait au monde lui seul pourrait nous départager.

. Le procès se fit.

M. Trouillebert était absent de Paris, mais il eut la chance de revenir à temps; devant le Tribunal M. Trouillebert affirma que le tableau était bien de lui et qu'il l'avait peint après la mort de Corot; il donna comme preuve de sa parole ce fait capital et indiscutable :

— La toile m'ayant paru trop grande je l'ai fait diminuer, sous le châssis vous trouverez l'envoi de mon marchand de couleur, avec mon nom et mon adresse.

Cette assertion fut vérifiée, elle était exacte !

M. Trouillebert avait donc peint un tableau de premier ordre, passionnant experts, marchands et amateurs. Par le démarquage, il perdait une partie de son originalité et pour le vulgaire public passait pour un pasticheur de Corot, alors qu'il était l'émule du maître.

Un parfumeur très connu, nommé Mayer, a une collection qui lui coûte plusieurs centaines de mille francs, et qui est composée de tableaux absolument faux : les Diaz ont été faits par Magnus, les Corot par Perret, les Daubigny par Delpy et pas un tableau peut-être n'est du peintre dont il porte le nom.

Un jour, Magnus présenta à l'infortuné parfumeur un tableau peint par Diaz, quelques années après sa mort. Le parfumeur lui répondit qu'il en possédait déjà un absolument authentique et mieux peint, il l'emmena dans sa galerie afin de le lui montrer; Magnus, du premier coup d'œil reconnut son ouvrage, on juge de son embarras, mais il prit la chose gaiement, il félicita le parfumeur et emporta son Diaz, parce qu'il préféra ne pas le désabuser en dévoilant le truc; mais s'il avait connu le marchand à qui, quelques années auparavant, il avait vendu six francs ce Diaz de première qualité, il eût passé un mauvais quart d'heure !

Il y a sur le boulevard Clichy un marchand qui vend des Daubigny tant qu'on en veut.

Rue des Saints-Pères un autre marchand a un stock de Prud'hon comme on n'en voit nulle part.

Le vieux Drumont a la spécialité des Greuze.

Quant aux Tesniers, ils gisent par tas dans la boutique d'un petit antiquaire de la rue du faubourg Saint-Honoré.

L'art des faussaires n'a pas de limites. Il existe dans la rue Montmartre une fabrique de faux tableaux. Les fabricants sont quatre. Ils empruntent à des confrères ou à des amis trop confiants des tableaux de maîtres pour quarante-huit heures, sous prétexte d'en effectuer la vente.

Là, les aigrefins font chacun la copie des tableaux de maîtres, et, se constituant en jury, décident quel est celui qui a le mieux réussi, et dans quelle partie du tableau ; puis ils se remettent à travailler tous les quatre, l'un fait l'eau, l'autre les arbres, celui-ci le ciel, celui-là la prairie, puis le numéro un donne le coup de fion général. Ce sont les paysagistes qui surtout sont ainsi pastichés.

En passant, un bon conseil aux amateurs : méfiez-vous des amis qui vous empruntent des tableaux.

Le moment où l'Hôtel des ventes exulte, où experts, truqueurs *et tutti quanti* sont dans la plus grande joie, c'est le jour où on apprend la mort d'un maître.

Prenons Corot pour exemple ; sa vente se fera dans son atelier ; là se trouvent les dernières toiles du peintre, commandées ou tout au moins vendues à l'avance à n'importe quel prix, quelque élevé qu'il soit.

Dans l'atelier se trouvent aussi des quantités d'études, projets, ébauches qui figureront également dans la vente et en porteront le cachet.

Le cachet de la vente, c'est tout un monde !

Pour une belle invention, c'est une belle invention.

Le catalogue est dressé et la vente commence.

Notes, croquis, projets, dessins, œuvres ébauchées, ou chefs-d'œuvre terminés, portent tous, les uns sur la toile, les autres sur la marge, un magnifique cachet de cire rouge : *Vente Corot.*

— Messieurs, nous mettons en vente *le bain de Diane*, une des plus belles toiles du maître, n° 15 du catalogue et nous demandons vingt-cinq mille francs.

— Allons, messieurs, commençons, il y a marchand à dix mille francs, à douze mille francs, vingt mille francs, adjugé.

—Messieurs, nous vendons le n° 4 du catalogue, ébauche charmante pleine de poésie, représentant une allée de saules, vue du matin ; nous demandons deux mille francs !

La toile porte au milieu la *trace* d'une allée, les saules représentent tout ce que l'on veut, mais il y a un coin de terrain et une partie du ciel ; l'agencement de la toile se sent.

— Voyons, messieurs, l'étude, un prix, cinq cents francs, c'est charmant, messieurs, c'est charmant ; commençons.

Voix timides, cent francs, cent vingt-cinq francs,

cent trente francs, cent quatre-vingt francs; messieurs, ne restons pas là; commissionnaire, faites voir à droite.

Le mot, messieurs, le mot deux cents francs c'est par moi, à gauche deux cent cinq francs, plus rien à droite, adjugé.

Le tour est joué.

Comme je l'ai dit, le sujet est *indiqué*, pour un peintre qui connaît son métier, tout est en place, il n'y a plus que le tableau à peindre, ce n'est rien, l'affaire de quatre ou cinq heures.

Mais la toile porte le fameux *Cachet Corot*, qu'il soit Corot ou pas Corot, signé ou non, *Hôtel des ventes mobilières; Vente Corot*, c'est un tableau authentique.

Deux ans, ou trois ans plus tard, il est revendu au même Hôtel des Ventes, deux mille cinq cents ou trois mille francs, si toutefois il n'a pas été expédié en Amérique pour quinze mille francs.

Si messieurs les commissaires-priseurs voulaient empêcher le vol officiel, rien ne serait plus simple, ils n'auraient qu'à faire marquer, au fer rouge, sur le châssis, la date de la vente et le numéro

du catalogue ; de plus la chambre syndicale tien-
drait à la disposition du public le recueil des
catalogues avec le prix des adjudications : c'est trop
facile et surtout trop honnête !

S'il circule tant de faux tableaux en aussi
grand nombre, si les amateurs sont si souvent
volés, la faute en est aux artistes et aux marchands
de tableaux ; non seulement ils devraient refuser
de les acheter, mais ils devraient les marquer d'une
façon indélébile de manière à en empêcher la
vente. A cela ils ne courraient aucuns risques, car,
quel serait l'homme assez osé pour venir dire au
tribunal : — J'ai signé un tableau de moi ou d'un
autre, d'un nom connu, j'ai fait un faux, et je
viens demander au tribunal une indemnité pour
la destruction de mon faux. — Cela est si vrai,
que le premier expert en autographie, M. Chara-
vey, lorsqu'on lui propose une pièce fausse, n'hésite jamais à apposer au milieu, un cachet portant
le mot : *faux*, et que jamais personne ne lui a
intenté un procès.

Un procès récent nous a prouvé jusqu'où va
l'esprit mercantile de certains peintres : il est vrai

que c'est un peintre belge, lequel a poussé l'esprit de contrefaçon jusqu'à se contrefaire lui-même.

Voici les faits tels qu'ils furent exposés par M. le juge d'instruction Decock, premier témoin entendu.

Au cours du mois d'août dernier, le peintre Van Beers se trouvant en villégiature à Ostende, remarqua à l'étalage d'un magasin quatre tableaux signés de son nom. M. Van Beers porta plainte au commissaire de police, prétendant que les tableaux étaient faux. Une instruction fut ouverte, et les quatre tableaux furent saisis, conformément à la loi de 1886. Le marchand fit connaître qu'il tenait les tableaux en consignation de M. Beaudoin Roland, marchand de tableaux à Anvers. Celui-ci, mis en prévention, n'hésita pas à déclarer que les tableaux devaient être considérés comme authentiques ; qu'en effet ceux-ci avaient été vus chez lui par le peintre Eisman Semenowski, qui lui avait affirmé y avoir travaillé avec Van Beers ; qu'au surplus il était à sa connaissance que Van Beers faisait confectionner par d'autres des copies de tableaux qu'il mettait en-

suite, sous sa signature, dans le commerce.
M. Eisman confirma ces assertions devant le
magistrat instructeur.

Le second témoin qui comparaît à l'audience
est le plaignant, Jean Van Beers, peintre à Paris:
Il déclare : Je persiste dans ma plainte, j'affirme
que trois des tableaux saisis portent une fausse
signature ; quant au quatrième, représentant une
Monténégrine, je crois, après examen, qu'il est
authentique.

*Eisman Semenowski*, peintre à Paris. déclare :
J'ai travaillé plusieurs années dans l'atelier de
Van Beers et aussi chez moi, pour son compte. Il
exploitait mon talent à son profit. Je faisais des
copies de ses tableaux, et aussi parfois des originaux que Van Beers signait et mettait dans le
commerce. Quelquefois Van Beers retouchait mes
œuvres, mais pas toujours.

Je reconnais ma main dans les quatre tableaux
saisis. Van Beers les a-t-il retouchés? Je ne puis
l'affirmer ; mais je n'y ai pas apposé la signature
Van Beers. Quand des tableaux n'étaient pas très
réussis, Van Beers les faisait signer de son nom.

par un autre et même par son domestique. Van
Beers faisait cela pour pouvoir les désavouer au
besoin ; il disait de ces œuvres mal réussies
« Nous allons faire de cela un faux Van Beers ! »
C'était le terme d'atelier consacré.

J'ai fait des centaines de tableaux pour Van
Beers, et notamment l'Italienne qui figure parmi
les tableaux saisis a été reproduite par moi au
moins une douzaine de fois, peut-être même vingt
fois. Je livrais ces tableaux non signés à Van Beers.

*M. le président.* — L'atelier de Van Beers était
donc une fabrique de tableaux ? C'était de l'art
industriel !

*Le témoin.* — Absolument.

Van Beers invité à s'expliquer sur cette déposition,
dit : Je n'ai jamais vendu un tableau signé de moi
sans y avoir mis la main. J'ai fait comme beaucoup
de peintres anciens ; j'achevais des tableaux ébau-
chés par d'autres. Je reconnais qu'Eisman Semenowski a travaillé pour moi. Il est arrivé que j'ai
laissé signer de mon nom par un autre un tableau
peu réussi, mais c'était là une farce d'atelier que
l'on ne devrait pas divulguer.

*Paul Dewit,* peintre à Paris. — J'ai travaillé pour M. Van Beers. Il y a huit à neuf ans, il s'est formé à Paris une association sous la direction de Van Beers, dont le but était de fabriquer des Van Beers. Quand Van Beers avait achevé un original, il nous chargeait d'en faire des copies ; nous étions là une demi-douzaine de peintres pour cette besogne. Quelquefois, M. Van Beers retouchait, mais pas toujours. Quelquefois aussi il faisait signer les copies. D'après l'accord, nous avions droit à la moitié du prix du tableau ; mais nous nous sommes aperçus que Van Beers nous trompait et à la fin nous n'avons plus voulu travailler que pour un prix convenu.

J'ai la conviction que les tableaux exposés à l'audience ont été mis dans le commerce dans ces conditions. Ces tableaux devaient passer pour des Van Beers.

Van Beers, invité à s'expliquer sur cette déposition, déclare : Il n'y avait pas une demi-douzaine de peintres employés par moi, il n'y avait que MM. Eisman Semenowski, Dewitt, Cogaert et un quatrième. Cette fabrique a existé, je dois le reconnaître, mais les quatre tableaux en question n'en sortent pas.

*Van Goetsnove*, antiquaire à Anvers. — J'ai eu également des désagréments avec le parquet de Malines, au sujet de la vente de deux Van Beers, dont celui-ci avait contesté l'authenticité. Il y a eu une ordonnance de non-lieu.

M<sup>e</sup> Vranken, avocat à Anvers présente la défense du prévenu B. Roland. Il expose que M. Van Beers, commençant à ressentir les effets désastreux de ses procédés, cherche à s'en tirer en dénonçant les marchands de tableaux. M<sup>e</sup> Vranken donne lecture du dossier de Malines ; les faits sont absoluments les mêmes.

M. Duwelz, substitut du procureur du roi, déclare qu'il ignorait l'affaire de Malines, et s'il a mis la présente affaire à l'audience, c'était pour donner une occasion à Van Beers de se laver des faits graves articulés contre lui. Mais tout reste debout, et il faut renoncer à la prévention. Si quelqu'un devait être poursuivi, dit l'honorable magistrat en terminant, ce serait Van Beers lui-

même, convaincu de contrefaire ses propres
œuvres.

Le tribunal acquitte Beaudoin Roland.

M. Van Beers écrivit une lettre aux journaux
pour se disculper, il perdit là une bonne occasion
de rester tranquille car personne ne crut aux ar-
guments qu'il invoqua pour sa défense, et tout le
monde resta convaincu que M. Van Beers a résolu
le problème de la génération spontanée.

L'atelier de ce peintre n'est qu'une vaste cham-
pignonnière !...

Non seulement on fabrique de faux tableaux,
mais encore on démarque les vrais, et ce démarquage est aussi préjudiciable au signataire dont
on gratte le nom, qu'à celui dont on l'écrit au bas
du même tableau. Ainsi, Victor Dupré, frère de
l'illustre Jules, a laissé une foule de toiles de
réelle valeur ; les truqueurs ont acheté ses œuvres : on gratte le prénom de *Victor* et on substitue
un *J.* On a créé ainsi beaucoup de *Jules Dupré* à
l'insu du célèbre artiste et à celui de son frère,
peintre, je le répète, d'une réelle valeur.

M. H.-C. Delpy, élève de Daubigny, avant qu'il eût trouvé sa manière personnelle a fourni aux démarqueurs beaucoup de *Daubigny* et par le même procédé dont les artistes ont été les premiers à souffrir, des *Riché* sont devenus des *Diaz*; des *Hervier*, des *Rousseau*; des *Allègre*, des *Vollon*; des *Pata* sont *Courbet* et des *Bourgés*, des *Frère*, sans compter, comme j'en parle plus haut, un tableau qui se couche *Trouillebert* et qui se réveille *Corot !*

Il faut bien que les peintres aient recours à des trucs, car la vente des tableaux de maîtres a beaucoup diminué depuis quelques années.

Voici un truc employé tout particulièrement en province pour vendre des tableaux.

Ce truc réussit toujours :

Vous recevez la visite d'un monsieur pommadé, ganté, parfumé, suivi d'un commissionnaire portant deux toiles.

« Je suis, dit-il, le peintre X... — X... est ici pour Paul ou Ernest, ou tel autre nom — *hors concours*. En villégiature dans votre pays, j'ai fait des dettes — je ne suis pas un ange ! — et je ne

puis retourner à Paris qu'après avoir trouvé prê-
teur.

« Malheureusement, personne ne me connaît
ici... Voulez-vous me rendre un service ? J'ai là
deux toiles que je viens de terminer ; elles valent
5oo francs l'une ; si j'étais à Paris, je ne serais
certes pas embarrassé de m'en faire 1,ooo francs.
J'ai besoin de 6o francs, prenez mes tableaux,
vous ferez du même coup une bonne œuvre et
une excellente affaire. »

Les tableaux ont bon aspect ; le choix du sujet
est excellent ; c'est peint avec fraîcheur et une
facture qui dénote une grande habileté. Bref, si
vous n'avez pas une certaine habitude de la peinture, vous êtes pris.

Le monsieur, avec cela, est joli causeur, il vous
conte la misère actuelle des artistes d'une façon si
touchante, si lamentable, que vos yeux se mouil-
lent... et vous y allez de vos trois louis.

Vous croyez avoir fait œuvre pie et bonne
affaire.

Point.

Vous êtes tout simplement volé.

Il n'y a pas d'artiste qui se nomme X..., ou Paul, ou Ernest.

Le monsieur en question est tout simplement un *camelot* en tableaux.

Les toiles que vous lui avez achetées sont des articles de fabrication et se vendent par grosses, à raison de 3o à 36 francs la douzaine, suivant la dimension.

Lorsqu'il vous a collé ses deux croûtes, il retourne à l'hôtel en chercher deux autres qu'il n'a qu'à choisir dans les huit ou dix douzaines qu'il s'est fait adresser de Paris. Il va les proposer, par exemple, au général commandant la brigade, en se présentant de la part de son collègue de Lyon, de Reims ou de Nancy; puis il court chez le trésorier-payeur, où il se présente sous les auspices du général; de là, il va chez le préfet ou le sous-préfet, où il se présente avec la carte du trésorier-payeur, et ainsi de suite. Toutes les autorités y passent; tous les millionnaires et amateurs sont visités, et il *travaille* ainsi la région jusqu'au jour où le *truc* est éventé.

Après avoir exploité la ville et les environs, il fait un saut d'un ou deux départements, faisant ainsi son tour de France, en vivant comme un grand seigneur et emplissant son escarcelle aux dépens des braves gens qu'attendrit la misère des malheureux artistes........

IX

Les Juifs marchands de tableaux.— 80 p. 100 de commission. — Bon petit commerce. — Un Ribot pour trois francs cinquante.— L''escroquerie et l'esquisse. — La chasse aux amateurs. — Le vieux Borniche. — Deux millions de croûtes.-- Les touristes et la bande noire. — Procédé des marchands de tableaux. — La secte des étrangleurs. — Vengeance des marchands de tableaux. — Les faux Henner.—Les faux Vollon. — Heureuse Amérique. — Les faux Daubigny. — Les beaux jours sont envolés. — Le truc de l'intermédiaire. — Le peintre Alfred de Dreux. — 400 p. 100 de commission. — Délicatesse de M. Fleury. — Un duel tragique.

— Tous les républicains ne sont pas des voleurs, mais tous les voleurs sont républicains a dit un jour un homme d'esprit dont le nom m'échappe.

On pourrait faire une variante à cet axiome célèbre, avec les *négociants* qui vont défiler ici. Tous les Juifs ne sont pas marchands de tableaux, mais tous les marchands de tableaux sont Juifs, et personne parmi les peintres ne me contredira; pour eux, le Juif, c'est l'ennemi!!

Il faut être artiste et avoir besoin de vendre sa peinture, pour savoir exactement ce qu'il faut endurer quant on n'a ni un nom, ni un talent suffisant pour voir accourir chez soi l'estimable Juif qui achète pour rien, et vend très cher les peintures, pastels, aquarelles, dessins qui sont produits chaque jour.

Beaucoup de malheureux peintres n'ayant pas la dose de courage et la force de caractère qu'il faut avoir pour vivre avec ce monde d'exploiteurs n'ont pu aller plus loin et se sont arrêtés au moment où leur talent prenait son essor.

Les grands marchands, comme les petits, procèdent tous de la même manière; ils discutent d'abord les qualités de celui qui propose son travail, le blaguent même pour finir par le prendre dans les proportions suivantes :

S'ils jugent pouvoir vendre l'œuvre cent francs ils en offrent dix ou quinze francs, et comme quatre-vingt-dix-neuf fois sur cent, ils s'adressent à de pauvres bougres qui attendent après la pièce cent sous pour manger, ils sont toujours victorieux dans ce combat de la vie.

Beaucoup de marchands de tableaux ont gagné à cet ignoble métier de marchandage une fortune respectable... par le chiffre seulement et doivent en grande partie aux obscurs de l'art, d'être quelque chose, sinon quelqu'un et de posséder pignon sur rue.

L'art ne les préoccupent pas le moins du monde, pourvu qu'ils gagnent 80 p. 100, ça leur suffit. C'est du pon bedide gommerce !

Il y a à Paris cent cinquante ou cent quatre-vingts marchands de tableaux et pas un ne le regrette : tout se vend, même ce qui est très mauvais, et le marchand a cet énorme avantage sur le peintre qu'il attend l'amateur, et que suivant sa tête il fait un prix ; l'artiste, lui, celui qui a besoin, offre sa peinture ; il ne peut attendre, il cède.

Un homme d'un talent réel débuta par vendre ses tableaux *trois francs cinquante*, et encore n'en vendait-il que très peu, pourtant ces mêmes tableaux valent aujourd'hui cinq ou six mille francs, je veux parler du peintre Ribot, un Maître

Maintenant il reçoit les marchands sur le pas de

sa porte et vend presque toutes ses toiles aux étrangers.

Des marchands de tableaux crient bien haut qu'ils ont fait percer des artistes, qui sans eux seraient restés dans l'ombre, cela est faux ; ils ont eu tout au plus l'intelligence de comprendre que ces peintres devaient se vendre un jour, et ont accumulé leurs œuvres, mais les malins ne risquent jamais leur argent et actuellement ils n'achètent plus que les arrivés : des noms, des noms, voilà leur éternel refrain !

Ils ne gagnent plus aujourd'hui ce qu'ils gagnaient autrefois ; achètent-ils plus cher ? non ! mais le public sait où trouver le peintre qui a fixé son attention, il va chez lui, discute le prix qu'on veut d'un tableau qui lui plaît, il s'est affranchi de cette timidité niaise qui le forçait à avoir recours à un intermédiaire. Le peintre y trouve son compte, l'amateur aussi.

En procédant de cette manière, l'amateur est certain d'avoir un tableau vrai, car la probité des marchands de tableaux n'est pas légendaire, tant s'en faut, on ne sait pas assez le moyen canaille qu'ils emploient pour avoir un tableau signé.

Le marchand de tableaux court les ventes d'artistes célèbres, il achète des esquisses, les fait terminer et les lance dans le commerce.

Les trucs que les marchands de tableaux emploient pour fourrer les gens dedans sont innombrables; aucun obstacle ne les rebute, quand on les chasse par la porte ils rentrent par la fenêtre, ou ils reviennent à la charge à l'aide d'un confrère avec lequel ils partagent.

Ils sont partout, savent tout, et quand un amateur émerge d'un endroit quelconque, il ne le lâchent que quand il n'y a plus rien à faire; ils connaissent sa situation de fortune, sa vie privée, ses goûts, etc., etc.

On a vu des marchands de tableaux mettre des gens sur la paille, quitte à leur racheter une somme dérisoire les toiles qu'ils leur avaient vendues à prix d'or.

Il y a une loi contre l'usure, mais elle n'atteint pas les marchands de tableaux, c'est là une lacune que les législateurs feront bien de combler un jour.

Un vieillard que tout Paris a connu, Borniche doit à l'obsession et à l'audace des marchands de tableaux d'être mort avant l'âge; ils avaient pris possession de sa maison, ils ne le quittaient plus du matin au soir, ils en étaient arrivés à faire faction à sa porte, afin qu'il n'y eût qu'eux à lui vendre.

C'était un défilé continuel de toiles de toutes dimensions, voitures à bras, fiacres, voitures de déménagement, apportaient toute la journée la marchandise.

Le vieux Borniche, assis dans un fauteuil, regardait sans voir, d'un œil abruti, n'osant plus rien dire, ni approuver, ni désapprouver; quand il renvoyait un marchand, celui-ci déléguait sa femme ou sa fille, sa bonne ou sa concierge pour lui proposer les mêmes tableaux.

Borniche en acheta pour plus de deux millions.

Il fit bâtir pour loger ses toiles, un palais qu'il offrit à l'Etat; l'Etat refusa net, contenant et contenu.

On revendit plus tard à l'hôtel Drouot, la collection fameuse ; les marchands rachetaient dix francs ce qu'ils avaient vendu cent francs et même cinq cents francs.

Borniche en est mort !

On pourrait taxer ce que je viens de dire, d'exagéré, mais de nombreux témoins pourraient attester le fait.

Les touristes qui viennent à Paris et qui veulent emporter un souvenir de la grande ville, aussitôt débarqués, voient leur hôtel assailli par la bande des marchands de tableaux. Des affreux Juifs, oubliant toutes convenances, viennent à l'heure des repas, et même pendant le sommeil de celui sur qui ils ont jeté leur dévolu : c'est une véritable curée. Ils soudoient les domestiques et si le client, agacé de cette persécution, les rossait à coups de trique, ils tendraient l'échine, pourvu qu'ils vendissent leurs tableaux.

Ils sont la bête noire des malheureux qui vivent de leur travail, et se font une gloire de les mettre dedans. Il faut entendre leur conversation à ce sujet : — les peintres qu'ils exploitent sont des bons à pendre et des fainéants. Quand un de leurs fournisseurs habituels veut s'affranchir de leur joug et essayer de se passer de leur intermédiaire, ils s'arrangent de façon à faire tomber à un prix dérisoire les tableaux des pauvres artistes tels que Garnier, Innocenti, Ribot fils ; ils pourraient en témoigner.

Les grands marchands de tableaux sont plus féroces que les petits, parce qu'ils disposent de plus grands moyens d'action ; les Bernheim, les Lang, les Arnold et Tripp sont plus dangereux que les Sthal, les Frédérique, les Pilon et autres ; ils forment une espèce de bande noire qui a pour objectif de voler à la fois le peintre et l'amateur, et ils s'emploient tous à réussir ou faire réussir un confrère.

Quand je dis : voler, il est entendu qu'ils ne *font* pas le porte-monnaie et qu'il ne faut pas prendre cette expression dans le même sens, puisque la transaction est consentie entre le peintre et le marchand de tableaux, et entre ce dernier et l'amateur ; mais au point de vue moral, n'est-ce pas un vol que d'étrangler celui qui a faim et de tromper un amateur ?

Assurément !

Les marchands de tableaux sont d'une ignorance crasse. Sortant pour la plupart d'un monde illettré, ils n'hésitent pas néanmoins à formuler un jugement sur tel ou tel ; on en connaît un, établi très longtemps à côté du Gymnase, qui a commencé par vendre du mouron pour les petits oiseaux, sur un crochet, dans les rues; un autre est devenu marchand de tableaux après avoir vendu des images obscènes sous les arcades Tivoli.

Comme tous les Juifs, ils ont un flair tout particulier pour deviner l'acquéreur sérieux dans un nombre considérable de visiteurs.

Les peintres qui leur donnent un tableau en dépôt dont ils demandent un prix que le marchand leur refuserait, usent souvent du stratagème suivant :

Ils envoient, un ami, un parent, un élève pour marchander l'œuvre exposée : si le marchand *évente la mèche*, comme ils disent, il commence par demander un prix énorme de la toile et finit par accepter le prix que lui offre l'envoyé du peintre, qui, bien entendu, ne veut rien acheter. C'est leur façon de faire payer au peintre sa témérité; quand le peintre revient, le marchand lui annonce qu'un monsieur lui a offert, la veille, *quarante francs* de la toile dont il demande *deux cents francs !*

Beaucoup de gens s'imaginent qu'après les scandales récents des faux tableaux (j'en parle au chapitre des truqueurs), on a cessé d'en faire ; c'est là une erreur qu'il est utile de faire disparaître.

On fabrique aujourd'hui plus de faux tableaux que jamais, seulement..... on les écoule en Amérique et à Londres.

Tout récemment, — je précise, — un marchand de tableaux de la rue Laffitte faisait confectionner par un peintre bien connu, des Henner, des J. Dupré et des Vollon.

C'est New-York qui a la chance de posséder ces trésors !

Assurément, MM. Henner et Vallon ne se doutent guère de leur fécondité.

Depuis la mort de Karl Daubigny, on peut voir à toutes ou presque toutes les devantures des boutiques des marchands de tableaux, une œuvre de ce peintre ; je ne dirai pas de ce maître.

Le père est plus difficile à imiter et cela se comprend ; ses dernières toiles, datant de 1871 ou 1872, la peinture ne serait pas assez usée pour paraître appartenir à cette époque relativement éloignée, mais le fils est mort il y a quinze ou dix-huit mois et par conséquent sa peinture doit paraître fraîche, aussi on en fabrique des quantités telles qu'il n'y aura, si cela continue, pas une mairie de village qui n'ait son Daubigny !

On jugera du bénéfice que les marchands de tableaux peuvent réaliser, quand on saura qu'un marchand de dixième ordre, établi il y a quelques années, aux environs de la gare de l'Est, achetait les toiles d'un garçon de talent, Vallée, mort depuis, d'une maladie de poitrine, contractée par la misère et la faim ; il les achetait au prix moyen de quarante francs et les revendait cinq cents et même six cents francs, aux Américains, comme étant des Defaux ; c'est de Vallée que je tiens le fait.

Les beaux jours des marchands de tableaux commencent à se faire rares, le public allant chez l'artiste, mais il faut ajouter qu'ils se rattrapent d'un autre côté ; ce qu'ils payaient à Vallée quarante francs, il y a deux ans, ils le payent maintenant, à d'autres, dix ou quinze francs.

Les marchands établis ne sont pas seuls à exploiter les artistes, il y a encore toute une légion d'individus pour les compléter.

Ces courtiers marrons ont eu des situations qui

leur ont permis d'entretenir des relations avec
des gens riches, bourgeois, commerçants, industriels, etc., etc. à qui ils offrent, ce qu'ils appellent : de bonnes occasions.

Comme généralement, l'amateur n'est pas plus
scrupuleux que le marchand de tableaux, ils y
vont carrément.

— Je connais, disent-ils, un peintre, gêné en ce
moment : je me fais fort d'obtenir un tableau à
cinquante pour cent au-dessous de sa valeur
réelle ; je ne vous demande rien pour cela, ajou-
tent-ils ; on va voir comment la commission est
gratuite et jusqu'où va le désintéressement des
intermédiaires, si élevé qu'il soit :

Le peintre Alfred de Dreux, admirable cavalier, était, vers 1859, très bien en cour, par l'intermédiaire de M. Tascher de la Pagerie, qui le
présenta à l'empereur Napoléon III ; il obtint la
commande d'une toile, qui devait représenter
l'empereur à cheval : MM. Tascher de la Pagerie,
de Morny, de Persigny, une fois le tableau terminé, allèrent voir l'œuvre du peintre ; ils la trouvèrent parfaite.

L'empereur fut également enchanté du tableau; il chargea M. Fleury de remettre au peintre la somme convenue, *dix mille francs.*

Quelque temps plus tard, Alfred de Dreux se trouva avec M. Tascher de la Pagerie.

— Vous devez être satisfait, lui dit ce dernier, l'empereur a été généreux ?

— Ma foi non, répondit le peintre, deux mille francs pour une toile de cette importance, c'est peu !

M. Tascher de la Pagerie ne souffla mot, mais comme il savait que l'empereur avait remis dix mille francs, quand il rencontra Napoléon III, il lui raconta le fait.

L'empereur fit appeler M. Fleury et lui reprocha cet oubli. « Réparez-le vite », lui dit-il.

M. Fleury remboursa, mais en 1860, Alfred de Dreux fut tué en duel.

Les journaux firent un bruit énorme autour de cette affaire; on raconta que M. Fleury avait, pour se venger de l'artiste, soudoyé un individu, qui joua le rôle de provocateur.

Je ne sais ce qu'il y a de vrai dans ce récit, mais comme ce duel tragique fut entouré d'un certain mystère et que les causes n'eu furent jamais connues, toutes les suppositions sont possibles.

On voit que les intermédiaires, même de haut rang, ne le cèdent en rien aux Juifs qui exploitent les peintres.

Quatre cents pour cent!

X

Vibert. — Carolus Duran. — Gervex. — Jean Gigoux. — Agache. — Lobrichon. — Henner. — Benner. — Paul de Katow. — Pointelin. — Roll. — Jullian. — Les arènes athlétiques. — Ch. Toché. — Cabanel. — Pelouze. — Vollon. — Le moyen d'avoir | une galerie bon marché. — Bouguereau. — Ernest Simon. — Fernand Pelez, le peintre de la misère. — Edouard Baré. — Paul Vogler. — André Brouillet. — René de Gastines. — Véron. — Léon Leclaire. — Théophile Bérengier. — Frédéric Vogler. — Charles Giron. — Forsberg. — José Frappa. — Victor Gilbert. — Ulric de Fonvielle. — Faverot. — Samuel French. — Lecomte du Nouy. — Consuelo Fould. — Berne-Bellecour. — Le Prince de Chérémétew. — Raffaëlli. — Pertuiset, etc., etc.

La peinture à l'huile
C'est bien difficile.
Mais c'est bien plus beau
Qu'la peinture à l'eau.

C'est aussi plus lucratif, sauf peut-être pour M. Vibert dont les aquarelles anecdotiques, exécutées entre deux agapes, honorées de la présence du brav' général Boulanger et des artistes de la Comédie française, se vendent au poids de l'or, sauf aussi pour M^me Madeleine Lemaire, la très distinguée fleuriste pour laquelle la peinture à l'eau n'a pas de secrets.

Un de ceux que la peinture à l'huile a le plus enrichi c'est Carolus Duran.

Il fait payer un portrait vingt-cinq mille francs, pas un sou de moins, et il a des commandes tant qu'il en veut.

Carolus se montre très exigeant envers ses modèles féminins : Madame a commandé, pour poser devant le maître, une toilette d'une dizaine de mille francs, la susdite toilette ne convient pas à Carolus, il en exige une autre; sinon, non !

Total quarante-cinq mille francs, et la ressemblance n'est pas garantie !

De son vrai nom, Carolus Duran, s'appelle *Charles Durand*, mais dès sa plus tendre enfance, Charles lui paraissait vulgaire, et le D final de Durand, produisait à son œil perspicace l'effet d'une lettre d'un bourgeoisisme marécageux.

Quoique ne sachant pas le latin, il transforma lui-même, et sans y être aidé par personne, Charles en Carolus et, de son autorité privée coupa la queue à son nom de famille.

Originaire de Lille en Flandre, où ses parents tenaient une petite auberge, Carolus se croit Espagnol et quelque peu Hidalgo.

Il est convaincu qu'il a du sang ibérique dans les veines, peut-être même du sang tsigane, et que sa brave femme de mère, quand elle le portait dans ses flancs, a eu, étant à son comptoir un regard de Bohémien; aussi joue-t-il de la guitare et de la mandoline et ne consomme-t-il entre ses repas que des vins d'Espagne.

Il ne pousse pas toutefois l'amour de la couleur locale jusqu'à se nourrir exclusivement d'ail et d'oignons crus, de piments, de chocolat et de garbanzos.

Oh ! si le jour du vernissage Ledoyen, à la place de son éternelle truite saumonnée, sauce verte, avait le bon esprit de confectionner une *olla-podrida*, selon la formule des cuisiniers d'outre-monts, on peut être certain que Carolus Duran, au lieu de retenir une seule table, en retiendrait au moins deux, sinon trois, et ferait à ses amis, qui sont nombreux, l'honneur de les inviter à la dégustation de ce mets succulent et transpyrénéen.

Carolus Duran n'est pas seulement un peintre, mais un élégant cavalier et un maître escrimeur. Il sait les grandes traditions de la Renaissance.

Heureux homme !

Il ne lui manque plus que d'être de l'Institut comme Bouguereau et Boulanger (ne pas confondre avec le brav' général) et il en sera.

Gervex en sera-t-il ?

*That is the question !* comme disait Shakspeare, Gervex ne demanderait pas mieux mais les temps ne paraissent pas encore venus, en attendant le malin savoyard a déjà commencé sa conversion. Fagerolles — pardon la plume m'a fourché — Fagerolles c'est le nom qu'Emile Zola a donné dans l'*Œuvre* à Gervex dont il a tracé un portrait assez réussi ;— Fagerolles ou plutôt Gervex tourne déjà à la peinture sur porcelaine : témoin le portrait de M^{lle} Jeanne Harding. Le voilà qui travaille dans la nacre.

Ce doit être bien pénible à son œil de peintre fin et délicat ; car il est encore plus coloriste que fumiste, ce qui n'est pas peu dire.

Chez Gervex, né à Paris, de pauvres savoyards, l'allobroge reparaît sans cesse, malgré tous ses efforts pour se conduire en gentleman mondain.

Il est trafiqueur et a surtout pour objectif la *bonne galette,* comme il dit dans son langage imagé.

Il ne dédaigne pas les petits profits et thésaurise comme un marchand de marrons.

De même que Carolus Duran, il a été fort amateur de l'escrime, mais à un autre point de vue.

Il a été aussi fort amateur de jolies femmes, et il l'est encore ; mais n'ayez crainte, il ne se ruinera pas pour elles.

Il ne travaille pas dans les « entraînements du cœur ».

Il ferait plutôt comme Jean Gigoux qui ruine les Compagnies d'Assurances sur la Vie.


En voilà un de qui on pourrait dire comme la coquille célèbre à propos du prince Jérôme « le vieux persiste » !

Ce brave peintre franc-comtois est assurément un des types les plus curieux de Paris. Dans son atelier de la rue Châteaubriand il est parvenu à réunir tous les dimanches une société d'élite, artistes, littérateurs, hommes politiques, magistrats, officiers supérieurs, plus ou moins nés natifs de la Franche-Comté qui servent à entretenir sa réputation d'homme de goût et à jeter un dernier éclat sur ce nom que les contemporains ignoreraient certainement sans cette parlote hebdomadaire.

La peinture de Jean Gigoux qui a obtenu jadis beaucoup de succès a cessé de faire prime depuis longtemps.

Elle n'a rien de commun par exemple avec celle de M. Agache.

Autant celle-là est triste et pâlotte, autant celle-ci est violente et exaltée.

Qui croirait que la troublante *Enigme* de M. Agache est l'œuvre d'un homme qui naguère était usinier ?

Si je ne me trompe, M. Agache, il y a dix ans, dirigeait une manufacture à Lille, la patrie de Carolus Duran. Sa fortune faite, M. Agache s'est livré tout entier à l'art et, dès le début, il s'est composé une palette violente, peut-être même trop systématiquement violente pour être sincère.

Tout chemin mène à Rome. Si l'usine a mené M. Agache à la peinture, le comptoir a mené M. Lobrichon au même résultat. Il y a longtemps de cela, il est vrai, car Lobrichon a abandonné depuis bientôt trente ans l'aune du commis pour la brosse du peintre. Mais voyez un peu comme le hasard se moque des gens : M. Lobrichon était ferré d'idéal. Il rêvait de sylphes et d'ondines, se balançant vaguement dans les vapeurs blanchâtres des nuées matinales, dans les brouillards lacustres du Jura, et la nécessité le prenant par la main l'a conduit à exécuter pendant toute sa carrière de peintre des bébés et des scènes enfantines.

Involontairement il a touché le cœur des mamans riches, qui lui ont amené à la queue leu-leu des progénitures variées et encombrantes.

Son atelier est devenu un véritable Nursery, une voie lactée odorante.


Que n'était-il riche comme Puvis de Chavannes, qui a mangé sa fortune à la poursuite acharnée d'un idéal coûteux, mais grandiose !

Heureux artiste, heureux génie, que n'ont jamais arrêté les mesquines préoccupations du pot-au-feu et du modèle à payer.

En voilà un qui n'est pas négociant !

Ce n'est pas comme M. Henner, un madré Alsacien qui, sous des apparences lourdaudes, est néanmoins fin comme un Gascon et doublé d'un Normand.

Il vend très cher son vieil ivoire, genre à part, séduisant quand même, et qui a trouvé des imitateurs parmi ses compatriotes. Henner, Benner, cela se ressemble ! C'est pourquoi M. Benner, qui est de Mulhouse, a essayé de marcher dans les souliers de M. Henner, qui est de Bernviller, mais il n'a pu le suivre que de loin.

De plus loin encore le suit M. Paul de Katow, qui est de Strasbourg. Le pauvre Katow s'y est mis sur le tard, ayant oublié dans sa jeunesse d'apprendre à dessiner et à peindre.

Pourquoi ne suffit-il pas d'être Alsacien ?

Malgré tout, M. Henner n'en est pas moins un ficeleur qui, de parti pris, accommode la nature à sa façon, absolument comme M. Pointelin, professeur de mathématiques, que ses occupations ont sans doute empêché pendant une grande partie de sa vie de regarder en face la grande lumière du jour. M. Pointelin, paysagiste de crépuscule, n'a eu probablement pas le temps d'observer la campagne qu'à l'heure où les chauves-souris commencent à prendre leurs ébats, c'est-à-dire à l'heure où personne n'y voit goutte.

Ce ne sont pas des artistes à qui il faudrait demander une *Manda Lamétrie*, une fermière comme celle de Roll; les malheureux en sont loin, terriblement loin.

Il est vrai que Roll, comme Puvis de Chavannes, ne peint pas pour vendre, et c'est bien quelque chose encore de n'être pas forcé de songer au goût du public, de pouvoir travailler à son aise, sans autre idée que celle de réaliser de grandes conceptions ou d'observer la nature, de la saisir dans ses manifestations intimes, et de pousser son œuvre jusqu'au point précis où l'on veut la mener.

Il y faut un grand courage, même pour ceux qui n'assiègent pas les préoccupations de la vie quotidienne, à plus forte raison pour les hommes

vraiment doués que tourmentent à la fois le désir
de s'élever toujours plus haut et le besoin de sa-
tisfaire aux exigences banales mais pressantes de
l'estomac et du propriétaire. C'est pourquoi il
convient quelquefois de se montrer indulgent envers les peintres qui, avant d'arriver à la complète
expression de leur talent, sacrifient d'abord au
puffisme, aux coups de pistolet — comme on dit
en argot d'atelier — ou aux convenances de l'école
classique et des professeurs, membres du jury,
dont la bienveillance n'est acquise qu'à ceux qui
font semblant de les considérer comme des demi-
dieux et de tenir leurs enseignements pour paroles
d'Evangile.

On ne sait pas ce qu'il peut en coûter aux audacieux ou aux originaux que le hasard de la naissance n'a pas pourvus de bonnes rentes de n'être
pas élèves de Cabanel ou de n'avoir pas payé leurs
mois de nourrice dans les pouponnières patentées
dont les maîtres en titre sont en même temps les
principaux actionnaires.

Comme l'Académie Jullian, par exemple.

En 1867, M. Jullian avait une toute petite Académie, passage des Panoramas. C'est un Proven-

çal. Sous son beau ciel bleu, il avait vu les luttes
des plus admirables lutteurs du monde, conduits
par l'illustre Rossignol, et pensa qu'à Paris ces
luttes auraient du succès et conduiraient à la fortune plus facilement que la peinture; il organisa
rue Lepelletier les *Arènes athlétiques*, dans lesquelles on vit la crème des lutteurs. Ce fut M. Jullian qui inventa le truc de *l'homme masqué* (le
masseur photographe Chavaret).

Ce spectacle ne fit pas florès longtemps.

Plus tard M. Jullian fut décoré.

Est-ce pour les Arènes athlétiques ou pour son
Académie ?


— Monsieur Charles Toché, s'il vous plaît ?

Le domestique vous regarde d'un air ahuri
comme si vous parliez hébreu.

Vous réitérez la question.

Le domestique répond : « Il est à Venise, vous
reviendrez dans cinq ans ! »

C'est la réponse qui me fut faite, un jour que
j'allais à son atelier lui rendre visite.

Charles Toché est un voyageur infatigable. Né
à Nantes, élève architecte pendant trois années,

il prit dans cette ville des leçons de l'aquarelliste Félix Thomas; pour la forme il se fit inscrire chez Cabanel, mais n'y allait, comme beaucoup, que pour y fumer des pipes.

Comme je le dis plus haut, dès ses débuts, il partit à Venise où il resta cinq ans, à copier Tié-polo et Paul Veronèse, à pénétrer les mystères de la vraie fresque italienne et à chercher les procé-dés employés par les maîtres, pour la décoration des palais et des églises.

Ces travaux à fresque lui valurent la connais-sance de M^{me} Pelouze, qui lui confia la décoration de Chenonceaux, à laquelle il travaille depuis qua-torze ans, il y termine en ce moment les fresques entourées de stucs italiens qui feront de la galerie des fêtes de ce château, une huitième merveille du monde.

Charles Toché a une manière de travailler toute particulière, il lui manque un renseignement, il boucle sa valise et part pour l'Espagne, la Sicile, l'Allemagne, l'Autriche, les Balkans, la Turquie, l'Asie-Mineure, tout comme on irait à Asnières ; chemin faisant, il copie toujours Tiépolo, Goya et les grands maîtres.

Nous avons vu ses admirables aquarelles à son exposition de la rue de Sèze, en 1887 et plus d'un, moi le premier, a regretté de n'être pas Rothschild, pour s'en offrir quelques-unes.

Charles Toché va illustrer la *Tentation de saint Antoine,* de Gustave Flaubert ; il va partir, pour terminer cette œuvre, qui comprendra deux cent vingt dessins, à Palmyre et en Perse.

Attendons-nous, à son retour, à une nouvelle exposition, plus merveilleuse que la première.

Charles Toché n'est élève de personne.


Vollon (Antoine) est un peintre qui déteste l'orgue de Barbarie, il prétend qu'aux accents de cet instrument, ses verts deviennent bleu et ses jaunes vermillon ; quand il était dans la propriété d'Alexandre Dumas fils, à Dieppe, en villégiature, la brise de la mer n'avait pas une aussi funeste influence sur ses couleurs.

Alexandre Dumas fils a la plus belle collection de Vollon, qui se puisse voir. Il a eu cette collection par un moyen que je recommande aux amateurs économes.

A cette époque, Vollon n'avait ni notoriété, ni

récompense; il étudiait; le matin, il prenait sa boîte et s'en allait seul, au bord de la mer, là, à l'abri, dans une anfractuosité de rocher, où, à l'ombre d'une haute falaise, il peignait jusqu'à l'heure du déjeuner; Alexandre Dumas, intrigué, se mit à sa recherche et finit par le découvrir.

— Ah! la belle toile, dit-il au peintre, c'est pour moi!

— Volontiers, répondit Vollon.

Le lendemain, le surlendemain, même scène.

— Ah! la belle toile, c'est pour moi.

Enfin cela dura une saison.

Un jour, Vollon était en train de peindre une toile magnifique; Alexandre Dumas arriva.

— Ah! la belle toile, c'est pour moi.

— Pour ça, non, dit Vollon, je vais bientôt repartir pour Paris, je la garde, je ne veux pas qu'on croie que je n'ai pas travaillé.

— Oh! tu ne feras pas ça, dit Alexandre Dumas fils, je t'en donne dix louis, vingt louis.

— Non! je veux la garder.

Alexandre Dumas fils, connaissait la passion de Vollon pour le jeu de billard, passion aussi profonde que celle de Meilhac

— Je te la joue en cent points, dit-il au peintre.

Vollon se laissa tenter et perdit.

Le lendemain, il demanda sa revanche et perdit encore, bref, il perdit tout ce qu'il peignit.

Mais Alexandre Dumas fils n'était pas satisfait.

Lors de l'arrivée de Vollon, il avait fait tapisser une pièce, d'une toile qui couvrait les murs. de haut en bas, Vollon lui avait promis de la peindre d'un sujet quelconque.

Vollon annonça son départ.

— Mais, tu n'y songes pas, dit Alexandre Dumas fils, la toile est intacte.

— Ça m'est égal, dit Vollon, je m'en vais demain.

Alexandre Dumas fils, pria, supplia, le peintre resta insensible.

Le moment du départ arrivé, Vollon serra la main d'Alexandre Dumas fils.

— Et ma toile ?

— Je prends le train.

— Voyons, ma toile !

— Tu la veux ?

Aussitôt, Vollon prit une immense palette, il y

répandit tous ses tubes, puis, à pleines mains, sans le secours de pinceaux, il se mit à peindre la falaise qu'il voyait par les fenêtres entr'ouvertes.

Cette toile est, à ce qu'il paraît, une merveille d'exécution et un chef-d'œuvre unique en son genre.

Décidément, Alexandre Dumas fils est un homme pratique.

Bouguereau (Adolphe) n'est point à discuter comme peintre, c'est comme membre du jury seulement qu'il est critiqué.

Ses mots sont célèbres.

Il disait un jour, à un élève qui copiait la *Joconde* :

— Vous en reviendrez, mon ami !

On comprend qu'il soit riche si cette parole est vraie :

— Je perds cinq francs toutes les fois que je vais pisser, disait-il récemment à un ami.

A propos de Millet.

— Si Millet était encore en vie, je le refuserais au Salon.

Touchante preuve d'impartialité.

M. Bouguereau adore la peinture..... mais la sienne.

Revenant de voyage, en Espagne, il rencontra le peintre Henner : ce dernier lui demanda ce qu'il avait vu de beau.

— Rien du tout, répondit Bouguereau.

—Comment, fit Henner, rien du tout, vous n'êtes donc pas allé au musée de Madrid. Il y a là, ce me semble, pour un artiste tel que vous, des Velasquez, des Rubens, des Van Dick, des Téniers, des Rembrandt, les plus belles merveilles du monde.

— Peuh ! Peuh ! fit Bouguereau.

—Comment, ajouta Henner, qui croyait que son interlocuteur plaisantait.

Voulant avoir le dernier mot :

— Vous avez vu les Léonard de Vinci ?

Réponse du membre de l'Institut.

— Les Léonard de Vinci ! ils sont aussi embêtants que ceux du Louvre.

Tout Bouguereau est là !


Simon (Ernest), un des décorateurs du château de Chenonceaux, peintre et aquarelliste à la fois, voyageur intrépide, on le croit à Paris, pas du tout il est en Tunisie, en Bretagne, et quand il revient il rapporte une série d'études prises sur le vif, merveilleuses de couleur et de vérité.

Ses sites africains sont des chefs-d'œuvre, entre autres une vieille rue mauresque, si étroite, qu'on dirait que les maisons se penchent pour causer du temps passé, on aperçoit dans le bout un coin de ciel bleu d'où filtre un filet de lumière qui éclaire le sol poudreux ; c'est frémissant, *on y est !*

L'atelier de Simon est très suivi par le monde élégant, et ce n'est pas un des moindres attraits d'une visite que de voir Simon, taillé en Hercule, donner paternellement, à ses élèves, de toutes jeunes filles, des conseils qui, si elles les suivent, en feront un jour des artistes.

Pelez (Fernand) est à classer parmi les peintres qui ont commencé par le classique et qui se sont définitivement adonnés au réalisme. Son talent s'affirme chaque année avec une nouvelle maëstria. Après avoir obtenu une seconde médaille avec *la mort de l'Empereur Claude* et avoir

fait la joie de son maître Cabanel, Pelez, voyant
avec quelle indifférence le public passait devant
cette majestueuse machine où, cependant, les effets
se trouvaient combinés selon les règles de l'art
particulier à l'Ecole, se demanda dans son âme et
conscience si les maîtres dont on faisait si grand
cas dans l'établissement officiel de la rue Bona-
parte avaient toujours eu pour objectif les Grecs
et les Romains. Et après mûre réflexion, il se dit
que tous ou presque tous avaient été en leur temps
de véritables réalistes. Les Italiens, les Hollandais,
les Allemands s'étaient bornés à interpréter ce
qu'ils voyaient et à l'exprimer selon la formule de
l'époque où ils vivaient, naïvement, simplement,
en poursuivant sans aucun doute l'idéal qui leur
avait été enseigné par leurs professeurs, mais en
tâchant aussi de s'y soustraire par une recherche
nouvelle plus en rapport avec les idées de leurs
contemporains. Ayant fait cette observation,
Pelez lâcha courageusement Cabanel, ses pompes
et ses œuvres, c'est-à-dire ses éloges et ses récompenses et se transforma en observateur, sans se
préoccuper des questions d'école. Or comme il
était pessimiste et grand admirateur des Espa-

gnols, il se mit à peindre avec une certaine élégance classique les misérables de son temps, les marmiteux, les souffreteux, les loqueteux, les mendiants, et s'attacha à exprimer sur la toile les affres des misérables enfants qui grelottent l'hiver ou qui cuisent l'été sur l'asphalte de nos trottoirs parisiens, tendant la main aux passants, main rongée d'engelures ou de vermine selon la saison. Ce n'était pas pour plaire aux bourgeois, dont la sensiblerie exige que les haillons soient décents et que les pouilleux sentent légèrement l'opoponax. Les bourgeois se rebiffèrent, mais les artistes, quoique vexés de trouver sur leur route un concurrent aussi sincère, ne purent s'empêcher d'admirer, seulement ils admirèrent en silence. « Il crèvera de faim avec sa peinture » disaient *in petto* les braves camarades, car on est très jaloux dans la corporation et là, plus que partout ailleurs, les supériorités se heurtent à un parti pris de débinage auquel les plus vaillants ne peuvent se soustraire. Pelez eut le bon esprit de ne pas crever de faim, de persévérer dans sa voie, qu'il trouvait bonne, et de faire la nique aux envieux. Néanmoins il tint compte de certaines critiques faites par des amis désintéressés et chercha à exprimer sur sa toile les misères contemporaines, non pas d'une façon moins élégante, mais avec plus de force, plus de vigueur, sans sacrifier au bitume et à la terre de Sienne. Il chercha à résoudre ce problème extraordinairement compliqué, faire du sombre avec du clair, du tragique avec des fusées d'esprit. Y est-il parvenu ? Je le crois, et je suis convaincu que tout le monde sera bientôt de mon avis.

Baré (Edouard), architecte jusqu'à la guerre, s'est mis à la peinture depuis 1872 ; peintre de fleurs, de paysages et surtout de femmes, il excelle dans les tableaux de genre, exècre les modèles italiens et trouve à la Parisienne infiniment plus de charmes ; c'est un peintre qui adore les colorations claires, et il y réussit.

Lorsque Baré était architecte, il fit une grande quantité d'aquarelles qui furent souvent reproduites par la chromo.

Baré est un don Juan qui a voltigé de la brune à la blonde.

— Pourquoi suivez-vous ainsi les femmes ? lui demandait un ami.

— Je les suis, répondit Baré, jusqu'à temps que je les *perde*.

Douce illusion, car il n'y a que les femmes perdues que l'on trouve généralement.

Baré n'expose plus; encore un désillusionné du Salon.

Vogler, ancien apprenti typographe, le mien, à qui je tirais les oreilles quand, le lundi, il allait chercher des litres chez la mère Chevalier pour les typos, car ces gaillards-là ont toujours soif; c'est incroyable comme ce métier-là altère. Vogler quitta la typographie pour entrer chez un décorateur, puis, de là, après avoir fait campagne contre les Allemands, il obtint l'entreprise des immenses affiches que l'on voit sur les murs annonçant le tirage fantastique de l'organe des concierges, affiches qui agacent tant les Parisiens; cette peinture n'était guère faite pour développer en Vogler le sentiment artistique, mais il contracta l'habitude de manier les pinceaux, à tel point qu'après avoir abandonné ce travail *élevé*, en

1884, il fut reçu boursier de la ville de Paris avec le numéro 1.

Vogler se tient à l'écart, comme tous les travailleurs qui désirent entrer de plain-pied dans le monde artistique par un tableau d'éclat ; il étudie spécialement les rues de Paris, et c'est vraiment merveille de voir avec quelle exactitude, ce qui sera précieux pour les historiens futurs, il rend l'aspect misérable de certains coins de Paris, coins qui disparaissent chaque jour. Sa peinture ne procède d'aucune école de parti-pris, puisqu'il n'est l'élève de personne ; son maître fut et est la nature, sous ses multiples aspects, qui se renouvellent sans cesse, c'est-à-dire que pour la peindre sur le vif il faut au peintre un travail incessant et un esprit tout particulier d'observation.

C'est le cas de Paul Vogler, qui réserve des surprises aussi bien au monde des arts qu'aux amateurs.

Un brave cuisinier faisait faire son portrait par P. Vogler ; quand il fut près d'être terminé, le peintre lui demanda s'il était satisfait.

— Oui ! répondit le bonhomme, mais demain

j'amènerai des amis, parce que, voyez-vous, il y a dans l'œil un point blanc qui m'agace.

Le lendemain, en effet, il amena cinq ou six gâte-sauces, et les voilà examinant le portrait, le critiquant, puis tous en chœur s'écrièrent : « Mais le point blanc ? »

Alors, pour les convaincre, le peintre dut entrer dans une dissertation scientifique pour leur prouver, dictionnaire en main, que la structure de l'œil exigeait cette tache blanche pour animer le regard du portrait.

Ils s'en allèrent en hochant la tête et l'un d'eux ajouta :

— Ton peintre n'est pas fort ; moi, j'ai fait faire mon portrait pour le même prix, et ma famille était peinte derrière le rideau !

Brouillet (André), encore un jeune, ancien élève de l'Ecole centrale, qu'il quitta pour faire de la peinture ; il entra aux Beaux-Arts, chez le peintre Gérôme ; là, il commença à manger des demi-ragoûts chez la mère Vaïl. Comme il est né à Charroux (Vienne), son tableau : *la Violation du tombeau de l'évêque d'Urgel*, qui lui valut une mention honorable en 1881, fut donné par l'Etat au musée de Poitiers, pour punir les habitants de la pension qu'ils avaient faite au peintre.

Après son insuccès du Salon de 1882 : *les Femmes de Paris allant à Versailles* (1789), il lâcha la peinture dite d'histoire pour faire de la peinture sans histoire, et cela lui a réussi, car il obtint une deuxième médaille au Salon de 1886.

Son *Charcot à la Salpêtrière* est célèbre ; on le classe parmi les maîtres futurs.

René de Gatines, petit-fils du général Baron Pouget, dont le nom est inscrit sur la barrière de l'Etoile, d'une famille de gens de robe et d'artistes, élève de M. Bin, est un paysagiste de talent.

En même temps que peintre, René de Gatines est président de section de la Société topographique de France ; il a obtenu un immense succès au congrès des sociétés savantes à la Sorbonne par sa conférence : *de l'ethnographie par les beaux-arts.*

C'est un peintre riche qui a un atelier qu'envierait un roi ; malgré cela il n'est pas complètement heureux.

13.

Pour le monde des Salons, René de Gatines n'est qu'un peintre, et, à cause de sa fortune, pour les artistes, il n'est qu'un amateur.

René de Gatines est un des plus chauds adversaires du jury actuel; il faut espérer pour l'art français que ses théories prévaudront un jour prochain.

Véron a eu son heure de célébrité, il a eu un tableau au musée de Lyon, et un autre dans la galerie de la baronne Nathaniel de Rothschild. Il est un exemple frappant de l'étroitesse d'esprit des peintres composant le jury qui s'occupent avant tout de l'homme et nom de la peinture.

Véron, dont l'esprit rappelle celui de Diogène, le Desgenais de la peinture, n'a jamais su faire les courbettes réglementaires; tout d'une pièce, incisif, mordant, ses crocs emportent le morceau et quand il fait la biographie des membres de l'Institut officiel, dame ! sa langue, comme le scalpel du chirurgien fouille jusqu'au fond de l'âme.

Quand les enfants ont trop d'esprit, ils ne vivent pas, dit le vieux proverbe; il peut s'appliquer

aux peintres qui, non contents de rompre avec la
tradition, sapent l'Académie classique par le sar-
casme et la satire, et ne veulent pas admirer sur
commande.

Aussi, Véron n'expose plus, et c'est regrettable ;
il est triste de voir des peintres de sa valeur se
retirer de la lice par dégoût et mépris.


Leclaire (Léon), encore un qui a lâché la peinture d'histoire. En montant la rue Chape, une des
plus vieilles de Montmartre, à gauche, sur une
petite boutique on lit : *cuisine bourgeoise*, dans
l'intérieur on entend grincer les cordes d'une
guitare, c'est Leclaire qui s'accompagne en chantant *l'ode à la lune* :

> L'astre des nuits, quand il est dans son plein
> De son beau c... ou est le parfait modèle
> La lune est blanche et son c... ou de satin
> N'est ni moins beau, ni moins arrondi qu'elle.


Il serait assez difficile de reproduire la suite.

Leclaire est un peintre céramiste très renommé,
c'est un art difficile ; pour obtenir l'intensité de
.couleurs, elle ne s'obtient que par des superposi-

tions de couleurs, qui, ternes,  lors de leur application sur la faïence, ne deviennent brillantes et
émaillées que par la cuisson ; on comprend combien ce travail est délicat, car le nombre des couleurs est restreint, et les tons pour s'harmoniser
doivent être étudiés avec un soin tout particulier.

La céramique est un grand art, et Leclaire y
est passé maître, par-dessus le marché, vieux Parisien gouailleur et sceptique.


Berengier (Théophile), un jeune, élève de F.
Gaillard, le célèbre graveur et peintre, peint
comme Holbein et par cela un des refusés systématiquement par le jury de peinture, à qui cette
peinture fait mal aux yeux.

Berengier, que cela n'arrête pas, continue son
chemin, en convaincu, persuadé que les œuvres
solides résistent, même à l'appréciation des membres de l'Institut.

On lui doit une magnifique copie du tableau du
Pérugin, actuellement en restauration au Louvre.

Cette copie faite il y a quelques années, avec
une exactitude scrupuleuse, sera peut-être un jour

une accusation contre les maladroites retouches
des restaurateurs de nos musées nationaux.

Vogler (Frédéric), élève de Picot, ancien dessinateur du costumier Babin, un des rares peintres
de bon sens, qui s'est aperçu qu'il n'irait jamais
à l'Académie en dehors de la peinture classique,
aussi se mit-il à faire de la peinture industrielle,
et bien lui en prit, car ses petits tableaux, genre
Louis XIII, se vendent comme se vendait jadis la
galette du Gymnase.

On ne peut rien imaginer de plus gracieux, de
plus pur que ses petits panneaux, ruisselants de
lumière et de verdure : il excelle surtout dans les
scènes de cabaret, les petites servantes et les
mousquetaires, habillés de couleurs rutilantes,
charment l'œil ébloui : c'est une orgie de chair,
de rubans, de soie, de velours, la vérité est néanmoins observée rigoureusement ; elle est observée
à tel point qu'on se croirait, en contemplant ses
tableaux, transporté de deux siècles en arrière, on
revoit le vieux Paris, les rues étroites, les cabarets enfumés, les Porcherons, Ramponneau, un
monde hélas ! que nous ne reverrons jamais.

Charles Giron, le peintre des *Deux sœurs*, est né à Genève, ce qui étonnera les gens qui ne le connaissent que par sa peinture; en effet, la largeur de sa facture, le brillant de sa palette, contrastent avec l'allure grave et étroitement bourgeoise qui distingue en général ses compatriotes.

Giron est un élève de l'école municipale; guidé par les conseils de Barthélemy Meun, il conquit vite une réputation dans sa ville natale, mais il s'y trouvait à l'étroit, il vint à Paris, entra pour la forme chez Cabanel, et exposa l'*Enfance de Bacchus :* ce tableau lui valut une médaille.

Charles Giron a une spécialité : le portrait de femme, et l'on m'a raconté qu'un rajah, de passage à Genève et visitant son exposition, fut tellement impressionné de la beauté des portraits féminins qu'il avait sous les yeux, qu'il proposa à Giron de l'emmener comme peintre de son sérail.

Giron accepta.

Lui demandera-t-on d'accomplir un sacrifice assez désagréable pour pouvoir exercer sa mission?

Et le rajah, a-t il pensé à quoi il s'expose ?

Il y aura sans doute des accommodements avec les Almées!

Forsberg, originaire de la Suède, est un exemple curieux de ce que peut la vocation; tout enfant, il était berger, seul, perdu au milieu d'immenses pâturages, n'ayant que son chien pour ami, il rêvait à l'avenir et étudiait la nature, peu à peu, il se prit à crayonner ses moutons, son chien, le paysage; les paysans le raillaient, le paysan, par là, ne vaut pas mieux que le nôtre, puis on finit par s'habituer à « cette manie de dessineux, si bien » qu'un jour la municipalité l'envoya à Paris, il entra à l'atelier de Bonnat, la pension du pauvre artiste était maigre, si maigre qu'il attendait le départ des élèves, pour manger les croûtes de pain qui traînaient dans l'atelier ; malgré cette misère terrible, il conservait une telle dignité, que personne ne s'aperçut de sa détresse profonde, autrement, le rapin a bon cœur, quelques-uns fussent venus discrètement à son aide ; pour augmenter ses ressources, il chercha du travail, il fut embauché pour peindre sur les murs, ces affreuses *redingotes grises,* enseigne d'un marchand d'habits : c'était une sale besogne, mais c'était du pain, l'indépendance et l'espérance.

Forsberg, à la guerre de 1870, voulut servir sa

patrie d'adoption, il se fit ambulancier; détaché comme infirmier à Notre-Dame, transformée en ambulance, il fut frappé de la souffrance, empreinte sur le visage de nos malheureux troupiers, il se mit à étudier le soldat, les scènes de grandeur ne pouvaient que séduire un esprit comme le sien ; les cris des mourants, dans ce vaste vaisseau, à peine éclairé, dont les échos répercutaient la douloureuse plainte ; les sœurs de charité, ces admirables filles, circulant comme des ombres, consolant par ci, courant par là, se multipliant, avec les tendresses de la femme et le dévouement de la chrétienne. Cet ensemble était fait pour laisser à un homme, qui avait passé ses premières années de jeunesse à rêver sous le vaste ciel une impression ineffaçable.

C'est cette impression que Forsberg a rendu dans son tableau : *la Fin d'un héros.*

Forsberg est un obscur qui se tient à l'écart, trop même; il peint le portrait avec une précision et un charme qui devraient le placer au premier rang et le conduire à la fortune. Il est pauvre, mais il a la foi.

Un jour on comptera avec lui.

José Frappa est un peintre d'un genre différent, il n'a pas la foi, excepté en lui, il s'est fait une spécialité des toiles antireligieuses, il applique le fameux article 7 en peinture, c'est un révolutionnaire qui a certainement de la dynamite dans sa boîte à couleurs.

La toquade de José Frappa c'est d'être juré ; il faut le voir un jour d'élections, se remuant, se démenant, tournant, virant, pérorant, circulant autour des urnes, obligeant les uns, priant les autres, et tapant à bras raccourcis et à coups redoublés sur les membres du jury.

Persistez, Monsieur José Frappa, on n'enfonce pas un clou d'un seul coup de marteau.

Victor Gilbert est le peintre par excellence de la Parisienne ; les petites industries de Paris n'ont pas de mystères pour lui ; fleuristes, laitières, marchandes de poissons ; il saisit, sur le vif, d'un coup, ces physionomies si multiples et parfois si étranges ; car la fleuriste, ou plutôt la marchande de fleurs des grands boulevards, n'a rien de commun avec celle des quartiers excentriques, celle des grands boulevards débute, elle est dans la fleur de la jeunesse, souvent laide, elle a ce je ne sais quoi qui plaît, qui empoigne et que les femmes appellent la beauté du diable ; avec cent sous de fleurs, elle en fait cent francs ; quand elle devient, non pas vieille, mais fanée, elle passe dans les faubourgs, elle n'a plus le panier élégant, mais un panier de blanchisseuse, elle aurait cent francs de fleurs qu'elle en ferait cent sous, sans compter les rebuffades et les grossièretés des poivrots ; c'est un grand art que de pouvoir peindre ces types si curieux.

Victor Gilbert est un chercheur, il vit dans le silence de son atelier, il est hors concours et c'est justice, car c'est un des rares peintres qui a demandé la réputation, qu'il a d'ailleurs, à un travail acharné et à des études suivies.

Il sera membre du jury, un jour prochain et certes il se souviendra, en étant indulgent pour les jeunes, des luttes de ses commencements.

Ulric de Fonvielle est un ancien peintre sur porcelaine, qui, parce qu'il avait deux frères dans le journalisme, l'un Wilfrid, un homme de talent, l'autre Arthur, un courageux, s'est imaginé qu'il n'y avait qu'à prendre une plume pour devenir journaliste ; il est vrai de dire que par le temps qui court cette présomption était excusable. Il fit partie des *Mille* de Garibaldi et entra à la *Marseillaise ;* tout le monde se souvient de l'affaire de notre pauvre camarade, Victor Noir, dans laquelle il joua un rôle qui ne fut pas précisément celui d'un héros.

Elève de Yvon et de Flameng, il est entré d'un seul coup dans le monde des peintres qui compte, il faut espérer pour lui, que sa nouvelle carrière lui sera plus favorable que la première.

Faverot, un enfant de la Balle, qui débuta dans la vie par être clown dans les cirques forains, ce fut un des quatre célèbres clodoches ; la *normande,* il fut engagé aux Folies Bergères, tout Paris se souvient de lui ; un beau jour l'envie lui prit de faire de la peinture, sans les conseils de personne ; il y réussit, des amis, voyant ses dispositions, lui facilitèrent l'entrée de l'atelier Gerôme, duquel il reçut quelques leçons ; tout en peignant, Faverot avait la nostalgie des paillettes, du public, son pinceau, dans le silence de l'atelier ne pouvait le

consoler des sauts de carpe exécutés à grand
orchestre; un soir il lui prit la fantaisie, au bénéfice de je ne sais plus qui, de faire un *numéro* au
Nouveau-Cirque. Faverot dut le regretter amèrement et réfléchir sur la jalousie et la bêtise de ses
anciens compagnons; tous le regardaient comme
un intrus, enfin un plus hardi, lui expliqua le
pourquoi de cette froideur :

— Tu n'es plus de la balle, lui dit-il.

Un autre répliqua :

— Eh ! va donc faire de la peinture.

Un peintre méprisé par des clowns; c'est un
comble !

Ce qui n'empêche pas que Faverot peint des
*intérieurs de fermes* avec une maëstria remarquable et que ses poules vous donnent envie de
manger des œufs frais.


Encore un élève de lui-même que Samuel
French, malgré son nom qui sonne mal, anglais ou
allemand, il est tout ce qu'il y a de plus français,
à preuve qu'il servit la France dans les éclaireurs
de Franchetti.

French a été riche ; fils d'un coulissier bien

connu qui a laissé les meilleurs souvenirs à la bourse ; après sa ruine, pour vivre, il se mit à faire de l'aquarelle, il excelle dans le genre militaire ; j'ai vu de lui des *Souvenirs de Metz* qui sont des merveilles d'exécution.

Encore un que la peinture ne conduira, malgré un réel talent, ni à la gloire, ni à la fortune ; victime du métier, produire quand même pour vivre, vendre mal à des exploiteurs qui croient avoir encouragé les arts et les artistes quand ils ont payé un louis ce qui en vaut dix !

Chardigny est le peintre renommé de la boucherie, pas un ne peut lui être comparé pour peindre un gigot, en le regardant on sent l'odeur d'une pointe d'ail, c'est bien autre chose pour les carrés de côtelettes !

Son dernier tableau un jambon merveilleux, lui a été acheté par Daubray ; il était si vrai, pas Daubray, le jambon, qu'on en aurait volontiers fait des sandwichs.

Chardigny peint aussi des chiens. La légende raconte à ce sujet, une aventure fantastique qui lui arriva :

Il avait peint un superbe aloyau, grassouillet, frais à l'œil, un morceau de premier choix, et, sur une autre toile un splendide chien de terre neuve, comme disait la bonne : il parlait.

Ces deux toiles étaient accrochées côte à côte, au mur de l'atelier.

Par une chaleur caniculaire, un peintre de ses amis vint lui rendre visite dans son atelier ; après quelques instants de conversation, pendant lesquels l'ami n'avait pas cessé de regarder les deux toiles, celui-ci se leva brusquement sous l'empire d'une hallucination, sans doute, et s'écria :

— Chardigny, Chardigny, le chien qui mange l'aloyau !

Chardigny eut beaucoup de peine à le calmer, il n'en voulut pas démordre, il répétait sans cesse : le chien mange l'aloyau !

Depuis ce temps l'ami de Chardigny raconte à qui veut l'entendre que ce dernier est un blagueur, que ses aloyaux sont empruntés au boucher du coin et que ses chiens sortent de chez Sanfourche.

Goupil (Léon) n'a pas été décoré parce qu'il avait du talent, mais par compensation, son père qui n'en avait pas le fut, il est vrai de dire que pour le monde officiel Goupil sacrifiait un peu trop souvent au Dieu Bacchus.

Goupil est un esprit incisif, ses mots font fortune, pas la sienne, car il s'est fait malgré sa douceur de caractère. des ennemis irréconciliables, entre autres la femme du peintre Wagner qui ne lui pardonna jamais d'avoir dit d'elle :

— J'ai connu des femmes bien laides dans ma vie, mais je n'ai jamais connu un homme aussi laid !

Goeneutte-Norbert, ancien élève de l'Ecole des Beaux-Arts, un émule de de Nitis, dont d'ailleurs il a pris la succession, est un peintre parisien par excellence ; il chercha longtemps sa voie en dehors du classique ; peindre *le désespoir de l'oncle de Caïn* cela n'a rien de réjouissant, aussi à force de persévérance et de travail, Goeneutte finit par trouver.

L'œuvre de Goeneutte sera précieuse pour les historiens futurs de Paris, c'est de la peinture documentaire, ce qui n'exclut nullement le côté artistique.

En dehors du peintre, il y a dans Goeneutte un aqua-fortiste distingué.

Son talent ne peut être comparé à aucun, on peut lui appliquer le vieux dicton : comparaison n'est pas raison !

Goeneutte est un sceptique, un gouailleur impitoyable ; visitant un jour l'exposition, avec un peintre de ses amis qui avait exposé une toile, intitulée au livret : *Parfait bonheur.*

— Où est le bonheur ? dit Goeneutte.

— Regarde, répondit l'ami. Tu vois un ingénieur, un littérateur, un musicien, un peintre, un journaliste, un militaire et un prêtre ; chacun de ces personnages tient sur ses genoux une belle femme à demi-nue ; dans le lointain ; pour marquer le progrès, j'ai placé un bateau à vapeur, le chauffeur est accoudé à la cheminée, seul, contemplant le spectacle qu'il a sous les yeux.

— Tu as nommé cette toile le *Parfait bonheur ?*
— Oui.
— Eh bien ! mais, le chauffeur ?


Gendron, un peu oublié aujourd'hui, était un peintre de beaucoup de talent, un caractère semblable à celui de Gœneutte, en même temps qu'un conteur intarissable.

Voici sa dernière anecdote.

Il existait à Paris, rue Balzac, une sage-femme, nommée R...; en même temps, elle avait monté dans sa maison un établissement hydrothérapique, cela avait pour avantage de fournir un prétexte aux visites qu'elle recevait fréquemment.

Elle fut dénoncée au parquet comme une faiseuse d'anges ; prévenue à temps, elle prit la fuite et alla à Genève.

M. James Fazy était alors président.

On le prévint de l'arrivée de la sage-femme qui était une célébrité.

— Elle tombe à pic, dit le président, il faut l'accueillir avec toutes sortes d'égards ; la ville de Genève, si cela continue, deviendra trop petite en raison de l'accroissement des habitants. Madame R... sera l'avorteuse de la République.

Elle fut en effet bien accueillie, et monta, comme à Paris, un établissement d'hydrothérapie à Plaimpalais, au bord de l'Arve.

Dans le salon de réception, il y avait, peint en

pied, un capitaine d'infanterie, en grande tenue, épaulettes d'or, et médailles sur la poitrine.

Jamais on n'avait vu de figure plus rébarbative, ses moustaches en crocs lui donnaient l'air d'un chat en colère ; c'était le type du troupier, étranglé par son col, sanglé dans sa tunique ; il n'avait jamais dû rire de sa vie.

Gendron arriva chez madame R... ; il se lia très vite avec elle ; un jour elle lui dit :

— Vous avez vu le portrait de mon capitaine, depuis qu'il a été peint il a été décoré, vous seriez bien gentil de lui peindre la Légion d'honneur sur sa tunique.

— Volontiers, dit Gendron.

Aussitôt il se mit à l'œuvre et peignit la croix au bout d'un ruban éclatant.

Gendron se recula pour juger de l'effet, alors une idée diabolique lui passa par la tête.

— Un homme décoré, se dit-il, doit paraître content et sourire ; celui-là a l'air de s'embêter à cent francs par tête ; d'abord, je vais lui baisser ses moustaches, et puis je vais lui donner l'aspect d'un homme heureux.

Avec quelques coups de pinceau, il transforma

la figure du grincheux en une figure épanouie.

Madame R... entra dans le salon, accompagnée d'amies, elle regarda longuement le capitaine, puis elle s'écria :

— C'est drôle comme la croix vous change un homme !

Tout Paris a connu de Bériot, le mari de la Malibran, professeur au Conservatoire ; le père de Charles de Bériot, à l'époque dont je parle, habitait boulevard Clichy.

Tous les deux ou trois jours, Bériot donnait une soirée, dans laquelle on entendait l'éternel quatuor de musique classique : ses amis disaient que c'était pour em...bêter ses compatriotes et Léopold Stapleaux en particulier.

Stapleaux dont on disait : « Quand donc mettra-t-on *Stapleaux* au musée ? » n'avait pas le ventre majestueux d'aujourd'hui, mais il avait la passion des cartes.

Sur la porte d'une pièce de l'appartement de Bériot, Stapleaux avait fait peindre par un camarade l'avis suivant :

*Pièce à l'abri des quatuors.*

En effet plusieurs amis jouaient au baccarat de l'autre côté de la porte.

Le peintre Linteleau, un familier de la maison, parlait tous les jours du tableau qu'il avait l'intention de faire pour le prochain Salon. « Ce sera un magnifique *Clair de lune*, disait-il, et il décrivait minutieusement les effets qu'il comptait produire ; vous verrez, ajoutait-il, que ce sera le clou du Salon. »

L'époque arrivée, il envoya sa toile, elle fut refusée à l'unanimité : il se garda bien de le dire aux camarades.

Le jour de l'ouverture du Salon, toute la société qui se réunissait chez Bériot, y alla pour juger de l'effet du fameux *Clair de lune* et jouir du succès de Linteleau.

Naturellement ils ne la trouvèrent pas.

Le soir même, c'était jour de réception chez Bériot. Linteleau s'y trouvait.

De Bériot se mit au piano et improvisa la scie suivante sur l'air du *Quadrille des Lanciers :*

C'est le clair de lune<br>
de Linteleau<br>
lo lo

Tombé dans l'eau
Io, Io
Tombé dans l'eau
Io, Io.
(*Bis.*)

Il fut refusé
A l'unanimité
Pour le coloris de sa peintu-re
Par un comité
Plus mal éclairé
Que le coloris de sa peintu-re.

C'est le clair de lune, etc., etc.

Cette plaisanterie courut longtemps les ateliers ; le pauvre Linteleau faillit en devenir fou.

Caranza est élève de Charles Labbé, ancien peintre de fleurs du sultan Abdul-Medji.

Caranza peint la nature morte, les fleurs de préférence. Comme à plusieurs Salons il avait exposé des huîtres, on le connaît dans Montmartre sous le nom de : *Raphaël-des-Cancales.*

Il peint aussi les chiens.

A un des derniers Salons il avait exposé un tryptique représentant trois chiens ; le premier, un bull-dogue, ayant au cou un ruban bleu, la patte sur le journal *le Pays.*

Le second, un épagneul ayant au cou un ruban blanc, la patte sur le journal *le Soleil*.

Le troisième, un griffon ayant au cou un ruban rouge, la patte sur le journal *la République française*.

Ces trois chiens personnifiaient tous les partis : bonapartistes, royalistes et républicains, — on ne connaissait pas encore le boulangisme. — C'est le cas de dire qu'ils se regardaient en chiens de faïence.

Les trois couleurs des colliers formaient la couleur tricolore.

A la suite de l'exposition, Caranza reçut d'Alsace plus de cinq cents demandes de copies de son tableau, mais la grande difficulté était de les faire parvenir à destination, les Allemands ayant proscrit les trois couleurs. Caranza imagina de peindre les rubans avec de la couleur à l'eau par-dessus la couleur à l'huile ; un simple lavage suffisait pour que les rubans reprissent leur couleur primitive.

Les Allemands ne se doutèrent de rien, et voilà pourquoi en Alsace nos compatriotes ont les trois couleurs, souvenir de la patrie absente, dans leurs maisons.

Si tous les peintres ne possèdent pas un talent remarquable, si même parmi les remarquables, connus ou peu connus, il en est qui sont vivement discutés et qui méritent de l'être, j'ajouterai même s'il en est de complètement ratés, pas beaucoup plus forts que des rapins, on ne peut pas dire au moins qu'ils s'attribuent une fausse qualité. Ils sont peintres, et pour arriver à posséder le métier, avant d'être des artistes plus ou moins bien classés, ils ont travaillé, et souvent travaillé ferme. Ils ont commencé par apprendre le dessin, l'anatomie, la perspective, étudié le modèle vivant, et, quand ils ont saisi pour la première fois la palette, ils n'ignoraient pas que chaque tache de couleur, chaque ton doit occuper sur la toile une place déterminée, celle-là et non pas une autre, parce que le hasard n'a jamais composé un tableau.

Il est cependant un homme qui l'ignore, bien qu'il se prétende peintre, parce que, grâce à une de ces complaisances extraordinaires dont il a déjà donné plusieurs fois des exemples navrants, le jury d'admission au Salon annuel de peinture a admis une fois par hasard une de ses toiles à figurer au Palais de l'Industrie. Cet homme, c'est Pertuiset, le *tueur de lions*.

D'où vient Pertuiset ? On serait bien embarrassé de le dire. D'aucuns assurent qu'il est arrivé de Chambéry en droite ligne, après avoir obtenu de la magistrature, — dans un procès civil, entendons-nous bien, — un arrêt attribuant des droits tout particuliers à un mur mitoyen derrière lequel se dissimulait assez mal une maison de rapport dont Pertuiset était l'heureux propriétaire. Le cas Pertuiset !

Cet arrêt, dit-on, fait encore jurisprudence et figure dans le recueil de Dalloz. Ces « aucuns », très mauvaises langues, affirment que l'immeuble en question n'a jamais eu rien de commun avec la *Maison du chat qui pelote*, célébrée par Balzac, et que si, dans cette boutique mal fermée dont l'enseigne, très visible le soir, empruntait aux chiffres sa seule séduction, le verbe « peloter » pouvait bien s'adresser au chat, comme pour celle décrite par le grand romancier, ce n'était pas à l'actif, mais au passif qu'il devait être employé. D'autres assurent que Pertuiset, dans sa jeunesse, a fait la traite des nègres, et, entre temps, celle des blancs, — seulement, — ayant été marchand d'hommes à l'époque où le remplacement militaire était un trafic toléré. Mais tout cela est de l'histoire ancienne et personne aujourd'hui ne songe plus à fouiller les archives indiscrètes où elle doit se trouver écrite.

Pertuiset est un fort gaillard, taillé en Milon de Crotone, et, comme il jouissait d'une jolie fortune et de biceps phénoménaux, personne, quand il fit son apparition sur le boulevard, ne songea à lui contester le titre de *tueur de lions* dont il se glorifiait. Il y a un quart de siècle, le métier de destructeur de fauves, mis à la mode par les exploits de Gérard et de Bombonnel, n'était pas une profession invraisemblable et mal portée. Les exploits de Pertuiset n'avaient jamais franchi la Méditerranée, mais il possédait le physique de l'emploi, et, sans chercher à approfondir la chose, les boulevardiers l'admirent d'emblée parmi eux comme « tueur de lions ».

Il était lui-même un lion « superbe et généreux » à ses heures, notamment à l'heure du vermouth. On avait vu ses descentes de lit, peaux magnifiques, arrachées du dos de ses prétendues

victimes, par des préparateurs habiles et anonymes.
Cela suffit à enraciner chez tous les habitués de
Tortoni la conviction que Pertuiset avait fusillé
des lions. Maintenant, dans le repos de sa force
géante, il se contentait de tuer le ver et d'étouffer
des perroquets. On ne peut pas toujours occire
des fauves, il faut bien en laisser quelques-uns
pour la graine, que deviendraient les dompteurs,
si l'Atlas était peuplé de Pertuisets en exercice?

Les loisirs de Pertuiset ont été depuis lors, oc-
cupés d'une manière intermittente, d'abord, par
un voyage à la Terre de Feu, puis par l'invention
d'une balle explosible, qui, dit-on, lui rapporte
gros, chez un armurier de Paris et enfin, par de
petites affaires, habilement conduites, où, tout en
évitant d'intervenir directement, en se bornant à
exercer une puissance occulte de fascination sur
la dame de pique, sans jamais tailler aucune
banque, il a su plus d'une fois tailler la part du
lion. — Toujours le lion !

Cela, direz-vous, ne constitue pas une préparation suffisante pour devenir peintre. Sans doute,
mais pour se croire peintre, cela suffit peut-être.
Pertuiset, chez Tortoni, fréquentait assidûment

Alfred Stevens, un artiste belge de talent, un maître en fait de figures et d'étoffes qui, s'il le voulait, brosserait un paysage, comme Corot et qui, malheureusement s'est ruiné à donner des leçons de peinture à Sarah Bernhardt. Il fréquentait aussi Manet, le chef des impressionnistes modernes. Et Pertuiset, voyant que ces deux illustres n'étaient pas plus habiles que lui à battre l'absinthe et à arracher au poison helvétique le secret de cette couleur verte-opaline, qui constitue pour les amateurs une supériorité sur le commun des mortels, Pertuiset se dit *in petto* : « Je suis aussi coloriste qu'eux ! Pourquoi ne serais-je pas peintre comme eux ? »

D'ailleurs, il avait souvent assisté, chez Manet, à l'éclosion d'une infinité de tableaux à l'huile, au pastel, il lui avait même servi de modèle pour ce fameux *tueur de lions*, violemment violet, dont la carabine double, braquée sur les passants, menaça pendant deux mois les visiteurs du Salon de les faire mourir de rire. N'était-ce pas une initiation suffisante aux choses de l'art ?

C'est bien simple, n'est-ce pas ? On prend une toile, on la pose sur un chevalet, on presse des

tubes, remplis de couleurs à l'huile, sur une palette plus ou moins ovale, on saisit la palette de
la main gauche, on fait passer le pouce dans un
trou ménagé *ad hoc*, on s'asseoit devant la toile et
de la main droite, après avoir à l'aide de pinceaux
que l'on est convenu d'appeler brosses, mélangé
quelques couleurs et préparé des tons variés, on
les étale, en faisant des grimaces de singe et en
clignant de l'œil, sur la toile inoffensive, qui ne
se rebiffe jamais. Au bout de quelques heures, ou
de quelques séances, cela commence à prendre un
aspect quelconque. On frotte, on refrotte, on
ajoute de la couleur, on empâte, on donne par-ci
par-là quelques touches violentes et v'lan! ça y
est. C'est un tableau, une œuvre, un chef-d'œuvre!
Pas plus malin que cela !

Ce que voyant, Pertuiset acheta tout ce qu'il
fallait pour peindre, s'installa au rez-de-chaussée
du petit hôtel qu'il habite, passage de l'Elysée des
Beaux-Arts, — nom prédestiné, — puis, sans s'in-
quiéter de savoir s'il était ou s'il n'était pas à
contre-jour, il se mit à gâcher des tubes, à cou-
vrir des toiles, de couleurs à l'huile et comme il a
connu, particulièrement dans sa prime jeunesse,

des lions qui n'avaient pas pour un sou de méchan-
ceté, il les portraictura, de souvenir et les repré-
senta, se nourrissant de chevreaux aux épinards
et de potage aux herbes.

Depuis plusieurs années, avec une persistance
admirable, avec une volonté inébranlable, Pertuiset s'acharne à maltraiter des lions posthumes, à
représenter ses anciennes victimes, sous les pires
aspects et à les accabler de mauvaises plaisanteries!
Cela lui constitue une espèce d'alibi moral.

La charge serait bonne si Pertuiset ne feignaît
pas de se prendre au sérieux, et ne prétendait pas
qu'on admire ses raclures de palette. On peut
penser que c'est un pur gâchis, mais il ne faudrait pas qu'on vînt le lui dire en face. Il serait
capable d'abuser de sa force, ce qui ne lui est jamais arrivé. Tout au plus admettrait-il qu'il est
inférieur à Ziem, topographiquement parlant,
parce que la maison de Ziem qui habite en haut
de la butte Montmartre et fabrique ses vues de
Venise en face du moulin de la Galette, domine
la sienne de la hauteur de plusieurs étages, mais
sous le rapport de la couleur, il ne se considère
pas inférieur à Ziem, oh mais! pas du tout. N'a-

t-on pas vu une année figurer au Salon *Romeo et Juliette* de Pertuiset? Puisqu'il a exposé, il est donc artiste, lui aussi? Qu'avez-vous à dire à cela? Les grands génies ne sont-ils pas souvent méconnus?

Pour ma part je ne voudrais pas le contrarier, et je le proclame artiste *ex æquo* avec Jeanne Topin, une autre curiosité de Paris dans un genre équivalent. Pertuiset et Jeanne Topin ont appris à dessiner et à peindre à la même école, l'école de l'insuffisance ridicule. Jeanne Topin, ne voulant pas priver le public d'un élément de gaîté, se propage elle-même. Elle a loué une boutique rue Fontaine, et là, sous la garde d'un invalide incorruptible, a déposé un musée d'horreur, au pastel, qu'elle étale gratis aux yeux des passants. C'est de l'impressionisme ahurissant comme l'impressionnisme de Pertuiset, mais l'impression n'en est pas moins facétieuse.

Rigolo tout plein la peinture comprise de cette façon. J'ai connu des élèves de la mutuelle à peu près de la même force, quoiqu'ils n'eussent jamais vu travailler Manet; et ils n'ont point fait encadrer leurs œuvres.

Trop modestes, ces jeunes !

En sculpture, quand le sculpteur a modelé sa maquette, il prend un *praticien* pour tailler dans la pierre ou dans le marbre ; cela s'appelle *mettre au point*, le sculpteur achève ensuite son œuvre.

En peinture, il en est de même ; une infinité de grands peintres sont coloristes mais ne peuvent dessiner et *mettre au point*, une composition. Alors ils prennent un dessinateur habile, qui prépare la toile de manière à ce que le peintre n'ait plus qu'à la peindre et lui donner sa touche ; c'est ce que faisait Le Natur chez plusieurs grands peintres en grande réputation.

Le Natur est aussi un illustrateur de mérite.

Raffaëlli, le peintre parisien par excellence, a eu des commencements curieux ; à dix-neuf ans, en 1870, il ignorait absolument l'art de la peinture, il avait cependant le désir d'arriver ; vers la fin de mars, quelques jours avant l'envoi des œuvres au Salon annuel, il lui prit la fantaisie d'y figurer.

Il pria un de ses amis de lui indiquer ce qu'il fallait pour faire un tableau ; l'ami lui écrivit sur un chiffon de papier : il faut une douzaine de couleurs, une toile, une palette, de l'huile et un couteau à palette.

Raffaëlli, avec son *ordonnance*, alla chez le premier marchand de couleurs venu, et acheta l'attirail indiqué pour une quinzaine de francs ; il rentra chez lui, il installa sa toile sur deux chaises, et commença à brosser, entièrement d'imagination, un vigoureux paysage ; et jamais Raffaëlli, de sa vie, n'avait fait la moindre étude.

Il envoya ce tableau au Salon, il était à peine sec ! le tableau fut accepté et figura au Salon de 1870, sous ce titre : *paysage*.

Le tableau de Raffaëlli fut accroché au second rang, dans le salon carré, qui, l'année précédente, était encore le salon d'honneur, et où tous les ans se trouvait l'éternel portrait de Napoléon III, comme aujourd'hui celui du général Boulanger.

Depuis, Raffaëlli a acquis un talent considérable, mais... on l'a beaucoup refusé et accroché très haut.

Raffaëlli était prédestiné aux aventures extraordinaires. En 1876, ou 1877, il envoya au Salon deux peintures, deux dessins, et deux sculptures en plus le tableau d'un amateur, son élève, tableau qu'il avait entièrement repeint.

Ses deux peintures, ses deux dessins, ses deux sculptures furent refusées !... et le tableau de son élève, entièrement repeint par lui, fut accepté et placé admirablement.

Cette anecdote est frappante, elle est un enseignement pour ceux qui croient à la justice des membres du jury, et surtout à son impartialité pour le classement des peintres par ordre de mérite !

Fort heureusement que les peintres comme Raffaëlli peuvent être systématiquement refusés, sans que ce refus porte en rien atteinte à leur réputation.

Le prince Basile de Cheremetew, un peintre doublé d'un artiste, ce qui ne gâte rien à la chose, il est en même temps conseiller d'Etat de l'Empereur de Russie. A Paris depuis longtemps, il a fait de la France sa patrie d'adoption, il a eu raison d'être reconnaissant à la ville à laquelle il doit ses succès comme peintre et comme musicien.

Colossalement riche, un vrai boyard, il oublie

sa fortune pour se souvenir qu'à Paris, l'esprit passe avant elle — il est donc doublement riche.

La Russie ne l'a pas oublié, car on lui fait souvent des commandes.

Malgré qu'il reçoit beaucoup, le prince Cheremetew est encore un silencieux, qui vit à l'écart, non du mouvement artistique, mais des luttes d'écoles, qui ne peuvent-qu'être stériles et sans profit pour l'art, car en peinture ce n'est pas de la discussion que jaillit la lumière.

Le Prince de Chéremetew n'ambitionne pas les lauriers qui poussent au Salon à l'ombre de la protection officielle, il a cent fois raison ; en matière d'art, la vraie noblesse : c'est le talent !

Là encore il est Boyard !

Mlle Consuelo Fould est la petite-fille de l'ancien ministre Achille Fould ; son père Gustave Fould était député dans le département des Basses-Pyrénées, sa mère Mme Gustave Fould est connue dans le monde artiste sous le pseudonyme de Gustave Haller. Mlle Consuelo Fould est élève de Léon Comerre. Depuis cinq ans elle expose au Salon ; ses sujets de prédilection sont les filles du peuple de Paris ; un de ses grands succès est une saltimbanque faisant la quête, cela se nomme : *les petits profits.*

La jeune fille qui a posé est une charmeuse de serpents que nous avons tous vue dans les fêtes des environs de Paris.

J'avoue que j'ai une tendresse particulière pour les peintres qui consacrent leur talent à peindre les types de la rue ; si leur vue n'est pas toujours réjouissante, ils ont le mérite d'un réalisme qui servira à l'histoire : c'est de la peinture documentaire.

Il faut de la vigueur, du courage, de la foi, pour fixer sur la toile les pauvres qui luttent avec la misère, M^{lle} Consuelo Fould a ce don au suprême degré, c'est une vocation.

Lecomte du Nouy, un des révolutionnaires avec José Frappa et René de Gatines, qui voulut, ce qui y arrivera, reformer le Jury actuel, est un peintre de talent à qui la critique n'a pas été tendre, mais à qui cela est parfaitement indifférent, car les amateurs éclairés connaissent le che-

min de son splendide atelier du boulevard Flan-
drin.

Il est la preuve vivante que les soi-disant critiques d'art, soit qu'ils éreintent, soit qu'ils fassent
le silence, sont absolument impuissants.

Lecomte du Nouy est élève de Signol et de
Gérôme, il débuta en 1863.

En 1869 il exposa une magnifique toile intitulée :
*L'amour qui passe et l'amour qui reste.* M. Albert
Wolff, le critique intègre du plus intègre des journaux de Paris, voulut bien rompre le silence
obstiné qu'il gardait vis-à-vis de l'artiste, il écrivit
à peu près cette phrase dans son compte rendu
du Salon ! « ...... la couleur qui s'en va et le dessin
qui n'est pas resté ...... ». L'artiste lui écrivit pour
le remercier.

Ah ! Lecomte du Nouy, que le boulevard Flan-
drin est loin de la rue Drouot, et comme c'est
bien fait pour vous de ne pas avoir lu le *Manuel
du parfait Jardinier*, vous auriez pu y lire ceci :
« il faut sans cesse arroser pour obtenir des
fruits ». Il est vrai que M. Albert Wolff n'est pas
une fleur !

Lecomte du Nouy est un caractère ; lors des

dernières élections du comité des 90, il rencontra le peintre Humbert.

— Enfin tu es révolutionnaire, lui dit Humbert, il faut donc que tu sois toujours derrière quelqu'un.

— Je ne suis derrière personne, répondit Lecomte du Nouy, je suis derrière un principe!

Réponse juste qui peint l'homme d'un trait.

Quant à l'artiste et à son œuvre, l'artiste est connu, et son œuvre est considérable; on peut en admirer une petite partie aux Musées du Luxembourg, de Caen et de Florence.

Berne-Bellecour est un de nos premiers peintres militaires, décoré de la médaille militaire pour sa belle conduite, dans un corps franc, en 1870, il est également décoré de la Légion d'honneur; et fit la campagne de Tunisie avec le peintre Detaille, sous le commandement du général Vincendon, Berne-Bellecour put juger *de visu* que les Krou-'mirs n'étaient pas comme la presse intransigeante se plaisait à le répéter, une invention de M. Jules Ferry.

Il est impossible de citer les tableaux de Berne-Bellecour tant ils sont nombreux.

En 1886, il reçut la commande du grand-duc Nicolas de Russie de l'*Abdication de Napoléon à Fontainebleau*, ce tableau figurera à l'exposition universelle de 1889.

Le grand-duc Nicolas, grand admirateur de l'odyssée Napoléonienne, possède, peints par différents peintres de talent, tous les épisodes du règne de Napoléon I$^{er}$. C'est une galerie unique au monde.

Dès ses débuts, Berne-Bellecour hésita entre la peinture de genre et la peinture militaire ; la caractéristique de son talent est l'exactitude ; le troupier le plus minutieux pourrait passer la revue de détail de ses soldats. C'est un peintre soucieux de sa réputation.

Une anecdocte à ce sujet :

Il y a quelques années, MM. Boussod et Valadon achetèrent à l'Hôtel des ventes une toile signée Berne-Bellecour. C'était à la vente du fameux gérant du cercle Leroux. On apporta la toile au magasin de la rue Chaptal, où précisément un des fils de Berne-Bellecour est en train de devenir un des premiers experts de Paris ; ce dernier, qui avait assisté à la confection de ce tableau dans l'atelier de son père et en avait suivi les phases, l'étudia avec soin. « C'est drôle, se dit-il, mon père n'a pas peint des mains comme celles-là. » Bref, très perplexe, mais ne voulant pas se prononcer, il emporta la toile chez son père. Au premier examen, Berne-Bellecour déclara qu'elle n'était pas de lui. Berne-Bellecour fils rapporta cette réponse à MM. Boussod-Valadon, qui crurent à une plaisanterie ; il fallut leur faire la preuve du faux ; cela fut facile à Berne-Bellecour, il avait fait photographier son tableau. La date était de 1879, et sur la toile fausse s'étalait le millésime 1881 ; de plus, le peintre, ce qui dénote son caractère ferme, arrêté, fait toujours suivre sa signature d'un point ; or, le faussaire, tout en ayant admirablement imité la signature du maître, avait oublié le fameux point.

Berne-Bellecour exigea que son tableau ne fût pas mis en vente, ce à quoi accédèrent facilement MM. Boussod-Valadon, voulant avant tout conserver l'honneur de leur maison.

Au chapitre des *faux tableaux*, j'ai parlé des

peintres de qui on vole la réputation et la signature ; je cite Henner. Berne-Bellecour fils fit découvrir un de ces faux d'une façon singulière.

M. Bernheim avait vendu à MM. Boussod-Valadon un tableau de Henner qui représentait une tête de femme. Après l'avoir examiné, Berne-Bellecour fils dit : « Ce tableau n'est pas de Henner. »

— A quoi voyez-vous cela, dirent les marchands de tableaux ?

— A la draperie, qui est lourde et d'un ton sale.

Pour s'éclairer, Berne-Bellecour fils alla chez un amateur qui possédait un tableau d'Henner; il le lui emprunta, et ces messieurs examinèrent à nouveau.

Après une discussion approfondie, Berne-Bellecour fils persista à déclarer le tableau faux, et MM. Boussod-Valadon le tableau vrai.

— Il y a un moyen de nous mettre d'accord, dit Berne-Bellecour fils, je vais porter les deux toiles chez Henner; ce dernier, au premier coup d'œil, en désignant le faux, s'écria :

— Quel est le cochon qui a peint cette draperie-
là ? Quand on m'imite, on devrait bien apprendre
à peindre !

Berne-Bellecour a été plus favorisé par la nature (il a neuf enfants, dont un, Félix, promet un
jour d'être un maître) que par le journal *le Figaro*.

Je cite l'anecdote sans commentaire, au lecteur
d'en tirer profit quand il lira les critiques d'art
de cette feuille.

En 1872 Berne-Bellecour exposa au Salon sa
fameuse toile : *Un coup de canon*, qui eut un
succès si retentissant. Malgré qu'il eût déjà donné
des preuves d'un rare talent, il n'était pas classé
comme peintre, n'ayant aucune récompense ; le
critique du *Figaro* alla chez lui et lui tint à peu
près ce langage :

— Vous aurez un grand succès avec votre toile ;
nous voulons faire quelque chose pour vous ; vous
savez que notre journal jouit d'une grande autorité ; je veux en parler longuement.

Berne-Bellecour se confondit en remerciements,
cela flatte toujours un jeune peintre qui croit à
l'efficacité de la réclame pour consacrer sa répu-

tation, et puis quel honneur, le critique influent qui se dérangeait !

Le critique s’en alla.

Berne-Bellecourt raconta le jour même, la chose à ses amis, qui vinrent voir la toile et lui prédirent un grand succès ; ils avaient raison, car elle fut vendue quinze mille francs au banquier Oppenheim et fut depuis, revendue trente mille francs, à M. Vatel.

Le lendemain, le critique influent revint.

— Ah ! j’ai fait votre affaire, dit-il à Berne-Bellecour, puis il sortit de sa poche, des épreuves de l’article qu’il projetait de publier.

Il les lut au peintre, qui fut enthousiasmé.

— Vous trouvez cela bien, dit le critique.

— Parfait. Je ne saurais vraiment comment vous remercier.

Le critique fit une fausse sortie, puis il revint se camper devant la toile, qu’il parut étudier une dernière fois.

Silence prolongé.

Le peintre attendait et le critique aussi.

Tout à coup le critique dit à Berne-Bellecour :

— Admirable, cette tête de soldat, voilà un

moyen de me remercier, faites-m'en une étude, je ne tiens pas à ce qu'elle soit bien grande, mais qu'elle soit bien poussée.

Ce sera un souvenir.

Berne-Bellecour lui répondit :

— Un petit dessin, si vous voulez, mais un tableau, jamais.

Le critique s'en alla cette fois pour de bon, mais..... l'article ne parut pas et le *Figaro,* malgré que : *Un coup de canon* valut à son auteur une première médaille, garda pendant des années, un silence obstiné.

Berne-Bellecour, comme Lecomte du Nouy, aurait dû étudier le *Manuel du parfait jardinier.*

Emile de Specht est un de nos plus habiles restaurateurs de tableaux, anciens ou modernes : cet art exige une grande légèreté de main, et une connaissance approfondie de la manière des grands maîtres ; de Specht est, en même temps, un aquarelliste des plus distingués ; ce fut lui qui peignit le cabinet de M. Albert Wolff. Cette aquarelle fut exposée au Salon de 1887, sous le n° 3,360, et valut à son auteur les félicitations des connaisseurs.

Un petit détail en passant, à l'usage de ceux qui s'imaginent que le critique d'art du *Figaro* est un collectionneur. Qu'ils aillent visiter son cabinet tous les six mois, jamais ils n'y verront les mêmes toiles.

Cherchez la rime à collectionneur !

Rue Lepic, à Montmartre, presque sur la butte, les passants s'arrêtent étonnés, devant une maison étrange, qui ressemble à une forteresse : pour un péu elle serait crénelée ; à chaque instant, on croit voir une porte s'entr'ouvrir pour livrer passage à des hallebardiers ; si un visiteur se hasarde à frapper, il entend un bruit de chaînes à faire frémir, les portes s'ouvrent et se referment avec un bruit de ferrailles à se croire chez un chaudronnier ; ce qui cause ce tapage, c'est que le propriétaire de céans a accroché derrière ses portes toute une batterie de cuisine ; les casseroles résonnent au moindre choc ; après un temps assez long, un judas s'ouvre dans la porte qui donne sur la rue, un domestique inspecte le visiteur ; s'il lui est inconnu, il referme le judas brusquement.

On remarque au faîte de la maison une poulie et une corde ; à certaines heures, comme dans les contes des fées, la poulie rouillée, grince ; la corde descend ; elle soutient un mannequin en osier ; les fournisseurs sont en bas qui attendent ; ils placent les provisions : du pain, des légumes, de la viande dans le mannequin ; ce dernier remonte lentement.

Tous les jours, c'est la même chose.

Qui donc habite cette maison mystérieuse, impénétrable ?

C'est le peintre Félix Ziem, qui s'est calfeutré ainsi de crainte des voleurs, et aussi pour peindre à l'abri des indiscrets, ses petits tableaux de confiserie.

Dans le quartier, les histoires les plus étranges, les plus lugubres, circulent ; quand les enfants ne sont pas sages, les mamans les menacent de les mettre dans le panier, M. Ziem est passé à l'état de croque-mitaine.

M. Ziem fut pourtant un joyeux qui ne dédaignait pas le calembour et souvent avec beaucoup d'à-propos.

Un jour, à l'hôtel Drouot, on vendait des tableaux plus ou moins hétéroclites, plus ou moins apocryphes.

Une *Halte de Caravane*, attribuée à Paul Brie, s'était chèrement vendue, l'expert s'était empressé de lui faire succéder dans les enchères du même jour ; il l'attribua courageusement au même maître, en dépit de sa navrante infériorité.

— Ça un Brie, s'écria M. Ziem, vous feriez mieux d'annoncer que c'est un *Non-Bril* !

Defeuille (François), encore un élève de lui-même, peintre miniaturiste, parisien parisiennant, a étudié sur le vif et pris sur nature nombre de figurines, types de minois chiffonnés, se rapprochant ainsi de ses maîtres favoris, Hals, Reynolds et Thomas Lawrence.

Defeuille a fait une quantité de portraits, essayant par son faire de se rapprocher de cette admirable école du xviiie siècle.

C'est un collectionneur enragé ; il ramasse tous les bibelots qui rappellent cette époque, il est parvenu à reconstituer, jusque dans ses moindres détails, un atelier de peintre miniaturiste sous Louis XVI. Rien de plus délicieux que tous ces riens charmants qui servaient aux piquants modèles de cette époque. Je ne serais pas surpris que son costume d'atelier fût du règne de Louis XVI.

Cette collection a coûté à Defeuille des efforts inouïs, des privations terribles; il pousse cet amour si loin qu'il a fait un voyage de trois cents lieues pour rapporter, devinez quoi ? Une demi-douzaine de houlettes enrubannées.

Defeuille est né miniaturiste, comme on naît rôtisseur; il aime son art avec passion, et déplore qu'au Salon les miniatures soient placées de façon qu'il faut un véritable courage pour les dénicher et les regarder.

Defeuille, en dehors de son talent, a un grand mérite, il enseigne son art gratuitement aux jeunes filles pauvres qui veulent l'apprendre pour gagner leur vie. « Pourquoi leur prendrais-je, dit-il simplement, trente ou quarante francs par mois dont ces petites ont besoin pour manger ? »

C'est du vrai désintéressement.

Defeuille prépare depuis dix ans un livre sur l'art de la miniature, depuis le xiie siècle jusqu'à nos jours.

On voit peu de ses œuvres en France ; l'Angleterre accapare tout ce qu'il produit.

Heureux Anglais !

J'aurais voulu donner une liste plus complète de ces biographies sommaires ; car, au point de vue anecdotique, elles sont curieuses ; malheureusement les peintres sont négligents, et ceux que j'ai omis n'ont qu'à s'en prendre à eux-mêmes.

Tout le monde y perd.

XI

# XI

Dessinateurs et caricaturistes. — Les critiques d'autrefois. — Les critiques d'aujourd'hui. — M. Caran d'Ache. — Madeleine Lemaire. — M^me Berriat-Blanc. — Baronne Nathaniel de Rothschild. — M^lle Consuelo Fould. — Louise Michel. — Hubertine Auclerc. — Bons cœurs.

Le dessin et la caricature ont tenu depuis 1830; une large place en France, on peut dire que la petite guerre qu'elle a fait aux gouvernements qui se sont succédés depuis cette époque, a été une des principales causes de leur chute.

Dans *Paris-Canard*, j'ai esquissé à grands traits les côtés saillants d'André Gill, Pilotell, Pépin, Le Petit, Morin, Desmares, Darjou, Lafosse, Hadol, Léonce Petit et Randon. Un de mes confrères, M. Grand-Carteret, vient de publier à ce sujet, sous ce titre : *les Mœurs et la caricature en France*, un volume des plus complets et des plus amusants; il est toutefois regrettable que son prix élevé ne le mette pas à la portée de tous, car tout livre documentaire est livre d'enseignement : à ce titre il doit être accessible !

Peu de caricaturistes, malgré la liberté de la presse, se sont révélés dans ces dernières années, cela tient-il à la petitesse de gros personnages politiques qui ne peuvent les inspirer.

Je crois plutôt que cette pénurie de caricaturistes a ceci pour cause.

Autrefois, il fallait dix ans et plus pour arriver à la réputation ; la presse presque fermée, n'admirait pas sur commande ; les critiques consciencieux, tout en étant plein de mansuétude pour les jeunes, ne sacrifiaient pas à la camaraderie, aveuglément, ils n'étaient point bénisseurs, leur plume n'était pas goupillon, et leur encrier bénitier.

Daumier, Gavarni, Philippon, Durandeau, Cham n'eurent pas, après une longue carrière, la dixième partie des réclames que nous avons vu se produire récemment pour des dessinateurs, non sans mérite peut-être, mais qui ne doivent pas à un travail soutenu, à un talent hors de pair, la réputation dont ils jouissent.

Ce sont des produits de la Société d'administration mutuelle.

M. Caran d'Ache est de ce nombre.

Ses petits bonshommes sont sans doute bien dessinés, mais après ; il faut l'esprit pour les animer, qu'eussent été Gavarni, Daumier, Henri Monnier sans les merveilleuses légendes qui donnaient la vie à leurs dessins ?

Simplement des dessinateurs et non des caricaturistes.

Il me resterait à parler de l'exposition annuelle des pastellistes, rue de Sèze, de celle des aquarellistes, du blanc et du noir, des expositions particulières du cercle Volnay et autres, mais comme ce sont presque toujours les mêmes artistes qui y prennent part, cela ne nous apprendrait rien de nouveau.

Parmi les exposantes, il faut pourtant excepter M<sup>mo</sup> Madeleine Lemaire, M<sup>me</sup> la baronne Nathaniel de Rothschild, M<sup>me</sup> Berriat-Blanc, M<sup>lle</sup> Consuelo Fould, M<sup>me</sup> Louise Abbéma, qui font de l'art un métier et non un prétexte.

Dans les ateliers, les jeunes peintres en parlant de ces expositions disent : Ces dames au salon ;

c'est souverainement injuste, car si l'on dénie à la femme le droit de faire de la politique, comme le voudraient M<sup>mes</sup> Louise Michel et Hubertine Auclec, il faut bien reconnaître qu'elles peuvent exceller dans toutes les manifestations d'un art, qui exige de la légèreté de main, de la finesse, de la délicatesse et du goût.

Quoi de plus merveilleux que les fleurs et fruits de M<sup>me</sup> Madeleine Lemaire ?

Quel pinceau plus délicat que celui de la baronne Nathaniel de Rotchschild ?

Où peut-on trouver plus de jeunesse que chez M<sup>lle</sup> Consuelo Fould ?

Qui connaît mieux sa palette que M<sup>me</sup> Berriat-Blanc ?

Ce serait difficile à dire.

Quoi qu'il en soit, les peintres ont leurs qualités et leurs défauts, et toutes les critiques qu'on peut leur adresser s'arrêtent devant ceci : Bon cœur !

# XII

## NOS MUSÉES

# XII

## NOS MUSÉES

Le musée du Louvre, sous le règne de Louis XIV et de Louis XV, ne contenait que les plans en relief des diverses places fortes du royaume.

En 1773, il fut question de disposer dans les galeries du Louvre, les statues, les tableaux et les objets d'art qui étaient entassés dans la galerie des antiques.

Ce fut la Convention, qui, par un décret du 27 juillet 1793, ordonna la création d'un Musée national.

On y plaça 537 tableaux.

Le 24 juin 1794, la Convention établit un concours et un jury pour la réception des tableaux.

En l'an IV, on adjoignit aux tableaux des peintres français, presque tous les tableaux *empruntés* aux divers Musées de l'Europe.

La galerie de peinture se composait d'une seule pièce en droite ligne, longue d'environ 432 mètres.

En 1815, les alliés nous *empruntèrent* à leur tour un grand nombre de toiles; pour combler ce vide, on enleva les principaux tableaux du musée du Luxembourg.

On arrive aujourd'hui au *Musée des peintres français* par la *salle des Sept Cheminées;* dans cette salle se trouvent les copies des fresques exécutées au Vatican par Raphaël; la coupole de la première salle et celle de la seconde ont été peintes par Blondel, Couder et Mauzaise.

C'est dans cette salle que sont rassemblés les peintres : David, Gros, Guérin, Girodet et Gérard, les quatre G, comme on disait jadis; aujourd'hui il y a un cinquième G : Géricault.

Dans la galerie d'Apollon, le plafond a été peint par Eugène Delacroix; il représente : *Apollon purgeant la terre des monstres qui grouillent dans le limon primitif.*

C'est une merveille.

Dans le salon carré figurent : Léonard de Vinci, Pérugin, Raphaël, André del Sarto, Corrège, Sébastien del Piombino, Giorgione, Paul Veronèse, Rubens, Claude Lorrain, Poussin, Le Sueur, Jouvenet, Rigaud, Philippe de Champagne et d'autres qui forment le plus bel ensemble qui se puisse voir au monde.

C'est dans ce salon que se trouve *l'Immaculée conception de la Vierge* de Murillo qui fut achetée, en 1867, six cent mille francs à la vente du maréchal Soult.

Dans la galerie des Sept Maîtres, il y a quatre tableaux de Léonard de Vinci; le *portrait d'Avalos* du Titien, énigme dont jamais personne n'a trouvé la clef; le *Sommeil de Jésus* de Bernardo Luini.

Dans la grande galerie, la première portion est réservée aux peintres primitifs de l'École italienne.

Le musée des peintres français occupe neuf salles.

Le *musée des tableaux de l'Ecole espagnole* occupe la moitié de la galerie du Louvre, nommée *Galerie de la colonnade;* il se compose de tableaux de l'Ecole espagnole et de tableaux de plusieurs maîtres étrangers à l'Espagne.

Le musée du Louvre est ouvert les dimanches et jeudi pour le public, et tous les jours pour les artistes qui viennent y étudier, ou prendre des copies destinées à des églises de province ou à des marchands d'objets religieux.

C'est un métier; il y a des peintres, des femmes surtout qui n'ont jamais peint que des saints ou des descentes de croix, c'est de la peinture au mètre carré; l'art n'a rien à y voir.

Sous la Commune, le *Journal officiel* du 13 avril inséra le décret suivant:

La Commune autorise le citoyen Gustave Courbet, président des peintres, nommé en assemblée générale, à rétablir, dans le plus bref délai, les musées de la ville de Paris dans leur état normal, à ouvrir les galeries au public et à y favoriser le travail qui s'y fait habituellement.

La Commune autorisera à cet effet les quarante-six délégués qui seront nommés demain jeudi, 13 avril, en séance publique, à l'Ecole de médecine (grand amphithéâtre), à deux heures précises.

De plus, elle autorise le citoyen Courbet, ainsi que cette assemblée, à rétablir, dans la même urgence, *l'exposition annuelle aux Champs-Elysées.*

Paris, le 12 avril 1871.

*La commission exécutive,*

AVRIAL, F. COURNET, DELESCLUZE, FÉLIX PYAT, TRIDON, VERMOREL, E. VAILLANT.

Les délégués furent nommés, mais quand ils voulurent siéger au musée du Louvre, M. Barbet de Jouy les en empêcha; alors ils allèrent siéger dans les bureaux des Beaux-Arts.

Ces délégués se réunissaient souvent : pour faire mieux que l'ancienne administration, ils élaborèrent des programmes, des règlements, ils nommèrent des commissions, des sous-commissions, des délégations.

Il y avait autant de délégués que de tableaux!

C'était à mourir de rire; les membres de la *fédération artistique* avaient déclaré que : « la Commune en matière d'art, était le pouvoir exécutif, et la fédération, le pouvoir législatif. »

Pour cette belle besogne, ces gaillards touchèrent une grosse somme d'argent.

Malgré cela ils n'étaient pas contents : élus, ils voulaient siéger; ils se plaignirent à la Commune; le 16 mai, l'*Officiel* leur donna satisfaction en révoquant MM. Villot, de Rougé, Ravaisson, de Reiset, Barbet de Jouy, Mariette, des Chavannes, Daudet, Heuzey, Clément de Ris, de Tanzia, Darcel et de Mancion.

Le 17 mai ces messieurs étaient remplacés par

les « citoyens » Achille Oudinot, comme adminis-
trateur du Louvre ; Jules Héreau, peintre, et
Dalou, statuaire, comme adjoints pour l'assister.

Cette note suivait l'arrêté de la Commune :

« Le public est averti que le Musée du Louvre
« sera fermé pendant quelques jours, pour causes
« majeures.

« La commission fédérale des artistes *procède en*
« *ce moment à leurs réorganisations.* »

Quelle était cette réorganisation ?

Que se passa-t-il entre le 17 mai et le 21, date
de l'entrée des troupes françaises dans Paris ?

Ce fut un miracle que le Louvre ne subît pas le
sort de l'Hôtel de Ville et du Ministère des finances, car les fédérés avaient tout disposé pour que
le Louvre fût incendié.

C'était sans doute la *réorganisation* promise par
l'*Officiel* du 17 mai.

J'ai pénétré un des premiers dans les galeries du
Louvre et je n'oublierai jamais ce spectacle terrible et grandiose à la fois.

Dans les salles, entre les lames des parquets, les
Vandales avaient entassés des paquets de cartou-
ches, placés de distance en distance et reliés par

des fils électriques, savamment disposés, de manière à ce que le moindre choc pût les faire éclater.

Les obus tombaient de tous les côtés dans la cour du Louvre; à quelques pas, le Ministère des finances, *flambait*. Impossible de placer une pompe en batterie ! On ne pouvait traverser la rue de Rivoli, balayée par les balles qui sifflaient et s'applatissaient sur les murailles; malgré cela des citoyens, de vrais ceux-là, étaient sur les toits du Louvre, essayant d'éteindre les commencements d'incendie; à chaque instant, on entendait une détonation sourde, c'était une des mines placées dans les galeries, qui éclatait sous les pas des courageux pompiers qui les exploraient, pour essayer de couper les fils et, sauver, si possible, ces richesses qui nous appartiennent à tous.

Plusieurs hommes furent tués, mais le Louvre fut sauvé !

Je me souviens de la mort de deux pompiers : quand on les descendit sous la voûte, au contact de l'air, la peau quitta leur chair, ils m'apparurent comme écorchés !

A dix-sept ans de distance, lorsqu'on a été

témoin de scènes aussi épouvantables et qu'on entend glorifier ceux qui en furent les auteurs, on croit rêver.

A ce qu'il paraît, c'est de la politique !

C'est grand dommage que la Commune n'ait pu faire l'exposition annuelle ; elle n'y renonçait pas malgré la résistance des employés de l'État, car le 20 mai, veille de l'entrée des Troupes, elle rendait le décret suivant :

Sur la proposition de la commission fédérale des artistes :

Le citoyen Buon, inspecteur des beaux-arts au palais de l'Industrie, ayant abandonné son poste, est relevé de ses fonctions;

Les « citoyens » Deblézer et Meyer, délégués, sont chargés de faire transporter au Louvre et au Luxembourg les sculptures et peintures appartenant à l'État, et qui ne paraissent pas en sûreté au palais de l'Industrie.

*Le membre de la Commune délégué
à l'enseignement,*

ÉDOUARD VAILLANT.

En 1848 au moins c'était bien plus drôle, il n'y avait pas de fédération artistique, c'était Jeanson, qui fut nommé directeur du Louvre.

Jeanron était un vieux révolutionnaire, qui menait de pair la politique et la peinture.

Il fut un héros des trois glorieuses, ce qui lui valut de présider la *société libre de peinture.*

Jeanron obtint, grâce à ses relations avec Ledru-Rollin, il obtint, dis-je, de l'Assemblée constituante de 1849, l'argent nécessaire à la restauration du Louvre; il fit classer les toiles par ordre chronologique, organisa les expositions libres, et enfin il fut plus tard nommé directeur du Musée de Marseille.

Jeanron était un ami intime de M. Félix Pyat, et un artiste dans l'acception la plus complète du mot.

Il existe de lui une série de dessin, représentant des soldats du premier empire, laquelle a du être vendue en 1874 à des bric-à-brac qui en ignoraient certainement la valeur; ces dessins étaient un cadeau de Jeanron à M$^{me}$ Coingt, l'ancienne amie de M. Félix Pyat.

En 1867, le dépôt des cannes et parapluies au vestiaire était obligatoire au Musée du Louvre. La suppression de ce dépôt fut loin de réjouir le cœur des visiteurs; une pétition fut mise en circulation, et aussitôt couverte de signatures. Les pétitionnaires demandaient le rétablissement du vestiaire, de crainte que l'humidité produite par les parapluies n'occasionnât la détérioration des tableaux du Musée, cette pétition contenait ce paragraphe cocasse :

— A l'occasion de l'Exposition Universelle, un grand nombre de savants vont se réunir à Paris, nous demandons que l'on organise un congrès afin qu'ils déterminent d'une façon exacte, ce qu'il faudrait de parapluies mouillés dans le Salon Carré du Louvre pour endommager un tableau.

Cette pétition eut un succès de fou rire.

Le musée du Luxembourg date de 1747; ce fut un simple amateur, La Font de Saint-Yenne, à qui revient l'honneur d'avoir groupé les tableaux, dispersés alors dans les galeries et dans les appartements des palais royaux.

Cent tableaux environ, pris dans le cabinet du roi, furent exposés, pour la première fois, au Luxembourg, le 14 octobre 1750.

La notice publiée à cette occasion disait ceci :

— Sa Majesté a permis qu'une partie de ces tableaux fût transportée à Paris, pour décorer, dans son palais du Luxembourg, l'appartement qu'occupait ci-devant la reine d'Espagne, afin que les amateurs de la peinture et ceux qui cherchent à se perfectionner dans cet art si sublime, puissent avoir la liberté de faire des remarques utiles sur les belles choses qui leur seront exposées.

En 1779, le palais du Luxembourg fut donné en apanage, par Louis XVI, à son frère Monsieur, comte de Provence, qui fut plus tard Louis XVIII. Le musée fut supprimé après trente années d'existence.

Louis XVIII décréta que les galeries vides du Luxembourg seraient consacrées aux ouvrages des artistes nationaux vivants.

Le 24 avril 1818, le Musée s'ouvrait au public avec soixante-quatorze tableaux de l'école française contemporaine.

Primitivement, les tableaux des artistes français n'étaient transférés au Louvre que dix ans après la mort de leurs auteurs.

M. de Chennevières fit réduire ce stage à cinq ans.

Sous la Commune, le Luxembourg ne courut pas les mêmes dangers que le Louvre, grâce à ce que les salles étaient transformées en ambulances; néanmoins le 17 mai 1871, MM. Tournemine conservateur, et Chennevières, directeur du Musée, furent remplacés par les « citoyens » André Gill, Chapuy sculpteur et Gluck peintre.

Au Luxembourg nos grands peintres, Baudry, Rousseau, Daubigny étaient à peine représentés de leur vivant. Cette parcimonie de l'État est véritablement incroyable. A présent que ces peintres sont morts, et que leurs tableaux sont partis au Louvre, ils sont encore plus mal représentés.

Ils n'ont rien d'ailleurs à envier à Eugène Delacroix.

Sous l'empire, le fameux tableau de ce peintre, représentant une *Liberté*, avait été relégué au grenier; sous la République on était en droit de penser que cet admirable chef-d'œuvre serait placé dignement : point, on l'a casé au quatrième étage.

La *Liberté*, la République n'en a que faire !

Le peintre Courbet ne dut son acquittement relatif par le 3e conseil de guerre, qu'à son merveilleux paysage qui était au Luxembourg.

# TABLE ALPHABÉTIQUE

## DES NOMS CITÉS

# C



# D



# F

# J

JACOB.
JEANNIOT.
JOSÉ FRAPPA.
JOUARD.

JOFFRIN.
JOUY (JULES).
JULLIAN.
JUNDT.

# K

KRUG.

# L

LABBÉ (CHARLES).
LAGARDE.
LANG.
LANGLOIS.
LAMQUET.
LAPLAGE.
LAPOSTOLET.
LEBLANC (JOSEPH).
LÈBRE (GASTON).
LEBOURG.
LECOMTE DU NOUY.
LEDANSEUR.
LEA D'ASCO.

L...
LECLAIRE (LÉON).
LEFEBVRE (JULES).
LE NATUR.
LÉOPOLD (ROBERT).
LE PETIT (ALFRED).
LEROLLE.
LINTELEAU.
LOUIS PICARD.
LOPISGICH.
LUMINAIS.
LUIGI NOIR.
LEVOLL.

# M

MAC-NAB.
MADELEINE LEMAIRE.
MAGNUS

MAIGNAN.
MAGNY (DE).
MANET.

## S



## T



## U

# V



# W



# Y

# TABLE DES MATIÈRES

### III



### IV

## X



## XI



## XII



ÉVREUX, IMPRIMERIE DE CHARLES HÉRISSEY

www.ingramcontent.com/pod-product-compliance
Lightning Source LLC
LaVergne TN
LVHW050219030726
842520LV00002B/582